他国的你我

A Little Life in A Great City

一本比较切肤的异国求学亲历手记

吴若旸

RUOYANG WU

Copyright © 2016 Ruoyang Wu

All rights reserved.

ISBN-13: 978-0692748152
ISBN-10: 0692748156

谢谢亲友师长们一直以来给我的帮持，

谢谢爸爸妈妈教会我善良、勤奋、勇敢和乐观，

也谢谢旧金山这座充满一切可能的城市。

目 录

遥远的挥手致意 i
魏何：风雪路人（代序） iii

一 来自旧金山的 43 封留学家书 一

1. 窗外的风景 1
2. 这里只是战场 5
3. 一朵还未盛开就已凋谢的"交际花" 7
4. 他们的故事，递给我们一束光 11
5. 孤独星球 16
6. 裂变的时代 21
7. 一枚笨拙的国际生 27
8. 生活的出路以及其他可能 31
9. 让人忍无可忍的旧金山！ 35
10. 那些人，那些事 38
11. 我们都跑了，父母怎么办？ 42
12. 小商贩的人生 47
13. 我也很想 TA 51
14. 那些"不正经"的 55
15. 人人都是出来卖的 59
16. 新女神 62
17. 最好的一年 66
18. 斗胆说说跑步这件事儿 70

19. 和小正太们混在一起的日子　　75
20. 如果年龄只是一场幻觉　　78
21. 人生得意需发朋友圈　　81
22. 来吧，造作吧，反正有大把时光　　84
23. 硅谷的技术已经疯得让人措手不及了　　88
24. 15个月里的暗流涌动　　90
25. 我不想成为让你将就的某个人　　94
26. 同性恋异性恋，都没什么大不了　　97
27. 生活像陷阱，生活像蜜糖　　101
28. 看客的繁华　　105
29. 困境、机会、勤奋、折腾和过日子　　107
30. 马拉松究竟是修行、还是自虐？　　110
31. 莫等白了少年头，空悲切　　113
32. 故乡，那个亲切但又陌生的小城　　115
33. 爷爷爷爷　　120
34. 出国留学这一趟，你觉得值吗？　　123
35. 高楼下的蚂蚁　　129
36. 学习乃安身立命之本　　132
37. 活在客场　　135
38. 挺身而进　　139
39. 生活要有激情　　142
40. 你是什么人　　145
41. 不安分，不太平　　149
42. 这次散场更突然　　151
* 一篇没见光的毕业演讲稿　　154
43. 未来之路　　164

— 他国的你我 —

友人曰 [yuē]　　　　　　　　　　　　　169
Molly：隔着半个地球的对望　　　　174
小白：直把他乡当故乡　　　　　　　178
无老师：每个人都是别人的局外人　　183

遥远的挥手致意

嗨，你好吗？

如果这是咱们第一次认识，请允许我简单地介绍一下自己：我叫吴若旸，大家更喜欢叫我的"艺名"五元。2013年夏天我来到旧金山留学，最初就想着出国机会不易，应该仔细记录一下异国的生活体验，于是开始把自己在美帝的各种见闻写成一封封小信，不定期"寄"给远方的亲朋好友，每个月写两到三封，从2013年7月开学一直写到了2015年5月毕业，23个月里写了43封信，近8万字。

长长短短的信里，我记录了两年来自己生活学习中的各种经历：有初入美国时的胆小局促，有课堂上的提心吊胆，有在酒吧里的不知所措，有体育场上的放肆疯狂，有去参加马拉松的不知好歹，也有和师长们掏心掏肺的洗脑对话……

这不是什么立竿见影的留学申请攻略和出国指导丛书，我只是记录和书写自己与同龄人的成长故事，那些大时代下的小人物们——有缺点，有迷茫，有无助，有迟疑，有价值观的猛烈冲击，但一直努力、勤奋、有趣、坚韧，不论生活在哪里，都尽量活得有意义——所有这些实实在在的经历和脑子里飞来飞去的想法一一落在了纸上，到最后就变成了你手上的这本留学亲历手记。

说来有趣，我小时候的梦想是当一名记者，能够紧握笔杆埋头东西批判现实、指点江山。后来我也当过半个文字工作者，为几个杂志写专栏，但那些在挣扎中诞生的杂志现在都已经破产停刊。2013年我离开北京时，我们班的"三大高帅富"集资送了我一支奢华的钢笔，鼓励我笔耕不辍，我也就这样没太当真地一直写了下来，到现在竟然成了一本小书。曾经没有说穿的愿望，一步步走成了现实。

在旧金山生活的两年里，这座被誉为"宇宙核心"的城市教会了我许多东西，其中最重要的一个道理就是：如果你有什么梦想或者期待去做的事情，那就牢牢记住并且坚定地把想法踩成路，不好高骛远，也不贪图捷径，慢慢来，不用慌。

很高兴这样遇见你，愿缓慢的记录和有节制的分享仍有力量。

吴若旸

2016年7月写于旧金山

风雪路人

（代序）

我是 2012 年从一家央企跑出来的，头一天辞职，第二天就坐上了从北京飞往美国的飞机，从此在匹兹堡一住就是近三年。

真没打算住这么久的。

搬到匹兹堡之前，我这个土包子是没出过国的。乍一到这座充满新英格兰气息的老城，大量的新鲜感一下子满足了我对美国的想象。匹兹堡有座华盛顿山，山下两条大河交汇，高楼林立的市区就在河的一侧。夜晚开到山顶上，可以看到据说全美第二的夜景。我从山顶回来，兴奋地跟室友说，我的梦想就是毕业后在华盛顿山顶买栋房子，每天坐在家门口，泡壶金骏眉，手抚紫砂，俯瞰全城，好像天下都是我的。

来自上海的室友很瞧不上我这副没见过世面的样子，"你个土包子，拜托先去纽约看看再说。"

两个月后，我去了趟西雅图，被西雅图的美洗礼了一番，在机场满地打滚儿不想回匹兹堡。上金融课，教授抓住第一排的我问，如果你有 100 万美元，你准备怎么花？我两眼闪着小星星朗朗答道，我要去西雅图买房子！

坐在教室另一半的室友翻了个大白眼，因为翻得太用力，导致头晕，从高脚椅上摔了下来。

匹兹堡其实就是一个二线小城市，除了巴掌大的市区，就是个大农村，一年有六个月都在下大雪。我从西雅图回来后，自然就再也看不上这个大雪窝。

2013年春节，国内播春晚时，我正在大雪里深一脚浅一脚地走在去考试的路上。考完了给爸妈打电话拜年，爸妈问，准备怎么庆祝啊？前一天一宿没睡的我说，回家睡觉！

醒来的时候，分不清是白天还是晚上。外面大雪已经下了好几寸，房间里没开灯，整个屋子都像是被世界遗忘了。我行尸走肉一样坐在床上，告诉自己，这个鬼地方，一毕业就走，多待一天都不行！

多待一天，我都能死。

2014年春节，下一届的学弟学妹里颇有几位能人异士身怀长物，分别掌握着和面或者拌馅儿或者包饺子的技能，他们便张罗着吃年夜饭。我离毕业还有不到四个月，工作没有着落，在学弟学妹面前总有一点狼狈，不愿意参加这类聚会。学妹小裴特地打电话过来说要单独给我包一盘韭菜鸡蛋虾皮儿的饺子，我很是厌恶这种威逼利诱，因此决定去吃她个倾家荡产以示惩戒。

除夕那天不是周末，因此年夜饭只能推到周六。大年初二晚上，一大屋子人，从八点开始边包饺子边看春晚，装模作样地一起倒计时欢呼新年快乐，然后在大年初三的凌晨纷纷散去，有人回家赶作业，有人回家投简历。

异地求学求生存，过年真的不重要，甚至敌不过一趟回家的末班公交车。

四个月后，我毕业了，没找到工作。

当朋友们纷纷搬到曼哈顿旧金山的时候，我却不得已留了下来，给朋友的公司打工挣生活费。我曾经说，毕业就离开匹兹堡，多待一天我都能死。可最后，还是匹兹堡留下了我，让我免于饿死。

朋友的公司是给中餐馆提供设备的，我常常要开车去几十里之外的小镇上送设备。时间久了，我才发现原来匹兹堡这么大，翻过群山，穿过丛林，依然开不出匹兹堡的领地。

一天，我要开车到三十公里外的小镇子上送设备，漫天大雪，赶上我那对破旧的雨刷器坏了。我只能透过车窗下部没有积雪的地方看到路，慢慢地开。看着一辆辆的车从我身边呼啸而过，卷起泥沙糊到我的车窗上，我有一瞬间绝望地看到了我的未来。

也许，我再也走不出匹兹堡了。

那次的客户是一家刚刚移民过来的四川人，父亲母亲叔叔婶婶儿子儿媳以及小孙子。全家是全镇唯一的一户华人，却只有两个人会说一点英语，因此一家人都不怎么说话，也不怎么出门。等我装完设备，已经八九点了，老板留我吃饭，炒了俩菜，坐下陪我。他很拘谨，不怎么说话，我很累，也不怎么说话。俩人在昏黄的灯光下，默默无语。

回去的路上，我慢腾腾地开着车，开始担心这一家人。对他们来说，当梦想照进现实时，照出的却是语言不通的墨西哥服务员，以及年久失修的老饭馆，这一切究竟有没有满足他们对美国的想象。

可是，他们仍然是怀抱着希望的啊，在冰天雪地的异乡，他们在买设备，他们在装修，他们在尝试着比手画脚地跟美国人沟通。

不管现实怎样，他们一直在做着当下能做的最好的抉择。

连国界都跨过来了,还有什么跨不过去的。

紧接着2015年春节,我跟朋友吃饭,我说,过完年,我就要搬去加州找工作了。朋友说,人挪活,树挪死,去吧。

我花了十天的时间,从匹兹堡开到了旧金山。这一路上,我渐渐的把那顿昏黄灯光下的晚饭,当时没找到工作时的狼狈,以及那个冰天雪地的匹兹堡,都叮叮咣咣地扔出了车窗外。

我在旧金山住了下来,拾起了自己的专业,并且很快找到了一份热爱的工作。匹兹堡,就再也没回去。

2016年春节近了,旧金山仍然是十度左右的温度,既没有冬天的味道,更不用提春节。我突然很想念匹兹堡,很想再回去一趟,去看看匹兹堡的雪,看看当年我送过设备的那些中餐馆,甚至开一辆破车,找到那家四川人,看看他们怎么样了。

我讶异于自己的这种想法,我一度以为匹兹堡是我的落魄地,是一页不想再回顾的昏黄的过去。但实际上,匹兹堡看到了我从意气风发到狼狈不堪再到归拢一地鸡毛重新上路,她是一座陪我走过人生低谷的城市——她也许曾经面若冰霜,任我悲伤,但是她却始终携我之手,从未离开。

魏何

2016年2月

— 来自旧金山的 43 封留学家书 —

第 1 封信
窗外的风景，只有自己走到了，才会知道吧

今天是我到达旧金山的第六天，该办的手续一一办妥，生活上一切都还顺利，与周围的交流也都是些简单基本的东西，所以还没有遇到无法逾越的沟通障碍。因为有了当地的电话也方便到处联系，所以不会产生深陷异国倍感孤独的痛苦。现在唯一的困难就是怎么吃还怎么饿，幸好昨天在超市惊喜发现的方便面成为了我的救命稻草，成功把我从坚硬的黑面包和带着腥味儿的冷火鸡肉中解救了出来。

我就住在学校里，宿舍坐落在 Lone Mountain（孤寂山？）的小山顶，刚好又是房子的最顶层。如果赶上天晴而且没有大雾的话，从宿舍窗户望出去就是太平洋和金门大桥。

学校周围的居民社区就像是巨大的花园，干净、漂亮，永远车多人少，而我也亲自验证了在外狂走一天鞋子上也不会沾灰的传言。无论是到银行开户办卡见识了两位工作人员服务我一个人的超级 VIP 待遇，还是上厕所都要刷卡验证身份才能进入，我现在算是初步体验了美帝国主义的优越性，但是依旧会对这个陌生而多面的城市心存戒备。

令人不习惯的是，在巨大的社区里只能看见整齐的家庭别墅，却很难发现物廉价美的小超市，哪怕是偶尔在街角出现的商店也只售卖品种有限的商品，大量的采购要么驱车前往主商业区一次性买个够，要么只能在网上商店进行，但如果为了节省邮费的话，可能又需要一个漫长的等待周期。

前几天我跟随着谷歌地图的指引，徒步进城寻找购物中心。步行一是为了熟悉环境，二是能省钱，可直到我看见超市紧闭的铁门才幡然醒悟：7月4日是美国的独立日，连大超市也都全员放假出去潇洒了，看来美帝人民果然不喜欢以经济建设为中心，得空就集体放假，只有自己过得舒坦了才是人生的终极追求。我嫌时间尚早就在周围溜达，时不时就能发现几个穿着热裤举止亲昵的大男生，直到看见路边和房屋上飘扬的彩虹旗才恍然大悟，我无意闯进的这片区域大概是旧金山著名的"同志社区"。路边的宣传栏里是醒目的标语：平等、尊重和爱。

离开这个疑似"同志社区"之后我竟然把路记错，走了很久才惊觉不是来时的路。以前一直认定自己的方向感很好，可总有不经意错乱的时候。突然迷路的感觉就像是自己被空投到一个完全陌生的世界，身边是废弃的停车场，墙上画满了有些情色的涂鸦，一大群张牙舞爪的灰鸽子在争抢地上的面包屑，一阵阵妖风把地上的垃圾卷起，还有坐在电动轮椅上环绕四周到处翻捡塑料瓶的神秘老人。路边有一伙黑人突然发生激烈的争执，几乎要厮打起来，我间断性地就听懂了几句"F**k"，只敢疾步走开。

天色渐暗，打开手机地图竟然失灵无法定位，但我一直不敢问路，生怕被不良分子识破了自己的窘境。沿路找到的公交车站都不顺路，出租车又很罕见，我只能凭着直觉先确定了一个方向连跑带走。当时已是晚上8点左右，还好这里天黑的比较晚，我给自己设定的时间是9点必须回到学校，如果不行只能打电话找警察，我的手机也已经提前试拨了911的号码。

去年在尼泊尔我就经历过晚上迷路然后去警察局求助的事情，但一想到身处美国会不会有哪个枪口在暗角对着自己，还是会不寒而栗。路上偶尔会遇见莫名其妙的搭讪，我只能装聋作哑闷头往前赶。还好穿过了两个街区在路边找到地图，我仔细定位之后确认自己的方向正确，又加把劲儿谨慎前行，学校里高耸的教堂成为我疯狂寻找的目标。

天色擦黑，远处传来里礼炮的声音，想必是海边已经开始燃放礼花庆祝美国独立日。此时此刻，他人的欢呼和自己的窘迫相距甚远。路边停满了整齐的车辆，大树、草坪、小花营造着城市的温馨，但街道空无一人。大概九点零五分的时候我终于成功目测到了学校大教堂的屋顶，我去时走了两个半小时的路程，回来时小碎步跑了一个多小时，万幸。

最近在电话里和老友聊起过去几天的经历，我还始终处于初生牛犊不怕虎的兴奋期，只是有时候突然回想起在北京念书和工作的片段，才会惊叹时间不可思议。

从去年决定留学到最后顺利抵达，整个过程折腾了近1年的时间。老同学娜姐还在电话里高度肯定我"辞掉工作去追求梦想的勇气"，可事实是，被我"辞掉的"又何尝不是一个期盼了很久的梦想呢？当我们已经收获了一个珍贵的东西，但似乎总有更诱人的在前面等你。当你放下这份珍贵的同时，也不能确定未来等着你的，究竟是一份靠谱的藏宝图、还是一个深不可测的陷阱。

"梦想"这个字眼，很多时候就是一场幻觉吧，它只是提供一个起点和方向，但不保证某个特定的结果。我们需要去四处奔走拥抱更广阔的世界，但所谓的"远方"或许并不是必须的选择。我想，更重要的是，无论在哪里都本分做人、踏实做事吧。

对着窗外捧着一杯苦得难以下咽的咖啡，看看眼下的金门大桥似乎触手可及，可真正去寻找了才明白路程的遥远和曲折。窗外真实的世界究竟会是怎样？不用轻信别人的经验，也不必迷恋空洞的幻觉，只有自己走到了，才会知道吧。

2013 年 7 月 7 日
写于 Lone Mountain Hall

第2封信
这里不是天堂,也不是地狱,这里只是战场

直到正式走进课堂的第一天才真切地感受到,旧金山优哉游哉的一切都是假象,校园里更像是密不透风的屠宰场,头顶无时不刻都悬着一把砍刀逼着你,让人不寒而栗。

我们的课堂上不允许出现任何电子设备,甚至不用课本,学习材料只需要在课外时间以每周 N 本书+N 篇学术论文+每天 3 篇行业新讯的量来逐一完成。

教授玩笑说自己不是六岁的孩子,不会站在教室里给大家念带动着画效果的 PPT,太浮夸。他刚表达完自己的立场,就轰炸机一般抛出一连串问题让大家思考,而我的同学们就像机关枪一样不停歇地抢着发言。课堂上时不时来几轮小组讨论,甚至在还没搞明白前因后果的情况下,我已经被推倒讲台上开始做演讲(Presentation)了。原本是晚上 10 点半结束的课程,因为大家刹不住的激情,一直延长了近 1 个小时。

以前连续看 1 个小时带中文字幕的《生活大爆炸》都需要缓口气,现在一次性就突破 5 个小时的课堂确实让我元气大伤。哪怕课堂中途会有 10 分钟的休息时间,但也不能坐着发呆,因为教授时刻都在提醒你、周围的环境也会逼迫你——抓住任何机会去建立你的交际圈(Networking),哪怕是中途偷溜上卫生间，一路上都要礼节性地抛出一系列问题和回答一系列问题。

语言上的障碍已经带来了一定的负担，而咄咄逼人的气场又不允许你把自己晾在一旁。我似乎都没有机会怯怯地躲在角落里不发一言，埋头做看书状。这里没有藏身之处，要么把自己孤立，要么只能舔着脸上。

课程进入尾声时需要同学主动报名做下周的主题报告，几乎所有的同学都高举着手，甚至呼唤着教授希望得到他的关注，那场面简直就像是在"抢生意"一样，哪怕是一直抱怨自己英语太差的韩国同学也在努力争取着每一个机会。我犹豫了很久，终于慢慢把手艰难地举了起来，还是那种"半举不举"的状态，教授竟然有些惊喜地选择了我，还笑言：你的手臂举得不够有力，以后要坚定一些。

很久以前本科同学猴子就已经提醒我说，学习体育管理（Sport Management）的美国人骨子里就透着运动员Aggressive（有进取心、好斗、具有侵略性）的特质。的确，只需要短短几个小时的亲身感受就会立刻明白，在这个美国本土就竞争激烈的领域，一个起点相对较低的异域人士想要单枪匹马去肉搏，炼狱将无处不在。

里克尔说，哪有什么胜利可言，挺住意味着一切。

2013年7月11日14:30
USF Gleeson Library 冷得瑟瑟发抖中

第3封信
有一朵还未盛开就已凋谢的交际花

到达美帝一个月,学习的课程也过去了1/23,时间果然飞快得不忍直视。

我的耳朵经过这个月的磨练,已经逐渐能追得上老师火车一般呼啸而过的英语。这位老师的"副业"是体育解说员,虽然他的语调和唱歌一样动听,但他常常不带喘气地喷薄而出一个小长篇,所以我还是会间歇性大脑空白飘飘欲仙。

课堂上老师还会时不时讲几个高品质的小段子,引得全班哄堂大笑。有一次大家笑得正酣,我身边的韩国妹子突然收起笑容问我:大家到底在笑什么?我边笑边回答:我也不知道,跟着笑就行了。课间休息时我怀着羞愧的心情去问德国妹子:刚才到底笑什么?我一直没明白。德国妹子拍案而起:我也不知道!但每次都还要跟着笑!旁边一贯高冷的挪威妹子一斜嘴,冷笑两声:呵呵,我现在都已经懒得装了——原来都是同道中人。

我们35个人的班里,就有我们4个国际生,而且都是女生,既能够了解彼此遇到的困难,也能相互听懂对方支离破碎的英语,所以我们自然而然地迅速结合成本班的F4联盟,不仅可以相互帮助,而且可以从不同的视角一起怀疑美国社会,真乃天意。

学习中除了语言上的小障碍，我们国际生还有一个共同的问题，就是没有找到明确的奋斗目标。我们似乎都处于最初级的摸索和试探阶段，看不清前路，但很多美国当地的同学在入学前就已经有比较明确的职业目标，或者说这个研究生项目只是奋斗过程中一块既定的小跳板，他们只是顺其自然地走到了这里。

课堂上大家需要轮流发言，明确阐述自己的职业理想，大概 80%的美国同学发言都是斩钉截铁铿锵有力：我的目标是做 San Francisco Giants （旧金山巨人棒球队）的媒体关系经理，我要做 NCAA（美国大学生体育联盟）的市场营销主管，我的目标是成为体育赞助领域的专家……暂且不说这些目标的实际性，他们至少在气场上已经把我震慑住。轮到我上台，发言关键词基本是：呃，也许……可能……大概……最后的结论基本都是：我就顺其自然吧。

美国同学似乎不能苟同于我这样似是而非的逻辑，因为资本主义大背景下成功洗脑的结果就是：必须树立目标——然后努力奋斗——最终获得成功，似乎我这样随遇而安、得过且过的态度就是对人生的敷衍和妥协。最后，我只能假装镇定且深邃地说，我并不是在逃避对未来的思考，我的行事方式属于中国人的传统哲学范畴。

此外，我们还有一个可以叫人戳瞎双眼的作业，就是写一个长篇职业规划书，必须用白纸黑字明确自己的职业定位，并且说明自己要如何一步一步达到目标，甚至还要把整个过程中需要利用到的人脉——列举出来。

我一直觉得这是一个很势利的作业，似乎你认识的、不认识的人都将成为你通向成功大道上的一颗棋子——我们交往的似乎不是朋友，只是关系——但是，闹太套，那又怎样呢？不要再单纯了，这里是美国，我们面对的是抢夺资源的体育市场，而人脉就是最稀缺最珍贵的资源，似乎一切学习工作的重心，都是围绕"社交"（Networking）来展开，这就是我这个月里学到的唯一关键词。

前几天去一个论坛做志愿者，论坛是由 California Women Leadership（加州各领域的杰出女性组成的小社团）和我们学院联办的，主题是探讨女性在体育圈里所扮演的角色。我本着抓住一切机会练口语和涨姿势的目的出没于此类活动当中，并没有什么过多的奢求，但是在论坛现场，我发现志愿者们各个摩拳擦掌双眼放光，异常兴奋地谈论着这又是一个绝佳的 Networking 好时机。他们大概看我在现场表现地有些呆滞和迟缓，就不停地鼓励我抓住机会去认识更多的人，"她们都是大公司的领导啊！"的确，我看了看论坛日程表上的参会嘉宾，有的来自苹果、谷歌、YouTube 这些足够闪瞎的大牌公司，但是，我和她们又会有什么样的交集呢？

到了茶歇时间，我先自行注射了几针鸡血，徘徊看看能不能找到某位合适的领导谈一谈，结果发现，偌大的会场，我却仿佛进入了无人之境，因为每个人都在自己的小圈子里谈笑风生，而我就像是某个不小心走错道的路人甲。有能耐你就找话题使劲儿往里面插，但我觉得还是不能把自己逼得太紧，不然很可能物极必反患上社交恐惧症，所以，就这样吧……就在我有些惶恐和失落的时刻，我突然找到了一个更适合自己发挥特长的位置——于是我一个人骄傲地走向吧台吃东西去了。

当然，除了 Networking 系列是把人逼疯掉的节奏，旧金山的其他生活倒也温暖体贴，而且我竟然幸运地找到第一份实习工作，在旧金山艺术大学的体育赛事部门做新媒体运营的实习生，没有工资，但可以亲自上手做事情，可以了解美国的大学体育联赛运作，可以练练英语，可以换学分。工作的地点就在距离旧金山著名景点渔人码头不远处一个神似798的小院子里，从办公室的窗户望出去就是热闹的海滩。

尽管旧金山艺术大学的招聘启事上不停地强调自己是 NCAA 里面唯一的艺术大学，但其实真正戳中我内心的只是这句"Be Artist. Be Athlete"，然后我就虔诚地送上了自己的简历。去他大爷的什么职业规划、什么成不成功、什么 Networking，不负自我，不负时间，足够。

> 2013 年 8 月 2 日凌晨 1:30
> 落笔于我那凌乱不堪的 LoMo 宿舍

第 4 封信
他们的故事，递给我们一束光

今天收到飞鸽传书，得知一位大学同学刚刚在北京生了闺女，另一个在厦门打拼的妹子也已经被推进产房，我只能坐在异国他乡昼夜通明的图书馆里，手足无措地兴奋和紧张着。

大学毕业之后很少有机会见到她们真人，更多时候只是在网上看到结婚照上一张张洋溢着幸福的笑脸，然后就是关于她们怀孕的喜讯。人生的际遇很奇妙，似乎大家都还在一个闹哄哄的教室里听着课，剧场却突然换了一幕：我还在一部黑白电影里扮演一个懵懵懂懂的路人甲，而她们已经在色彩斑斓的世界里开始经营一家人的小生活。

人们喜欢把结婚生子看作是安稳生活的新起点，而像我们这样"到了这把年纪"还心似野（fēng）马（gǒu）到处跌跌撞撞的，也不知道会有什么样的下场。只是很高兴看到，到目前为止，每个人都按照自己的节奏走得很好。

前段时间班里的韩国妹子 Jinhee 有些失落地跟我说，现在只要上 Facebook 看到的都是以前的同伴在晒结婚照和宝宝的照片，好像只有自己一个人一事无成——她之前来美国上语言学校已经折腾了一年，现在的生活似乎也只是整天赶作业。她本科学的是宗教学，就因为喜欢棒球所以在申请研究生时改学体育管理，但其实根本不确定自己以后能干什么，而且也没什么工作经验，等将来毕业回到韩国很可能只是一个"一无所成的老女人"……

作为社会群体的一份子，我们总主动或者被动地拿一些特定的"准则"来约束自己：做事不能太离经叛道，做人也得追随社会大潮，几岁结婚，几岁生孩子，几岁买房，几岁做出什么成就，几岁当上大老板……年龄成为最顽固的筹码，我们精细地对比着别人的生活，然后焦虑自己的命。也许有时候会想要离开这张大网，但却没有出逃的勇气；即使侥幸逃了出来，却也常常胆战心惊，左顾右盼，有一种做贼心虚的胆怯。

这月月初的时候我和大学同学小韦在 Skype 上进行会谈。她早我两年出国留学，生活在印第安纳州的开花小镇 Bloomington，和旧金山有三个小时的时差，我们各自对准了时间约好网上见。电脑屏幕上，小韦啃了一嘴香蕉，淡定地说：月底我就走了，我是咱班第一个回国的人。

我经过不太严谨地纵向对比发现了一个定律，出国的女人大多有以下两种典型的结局：要么是坚毅地留在异乡过着冷暖自知的资本主义生活，要么就是毕业后回国立即开启全国 32 场巡回相亲大会，然而小韦应该属于第三种——答案不明。

小韦是我们专业大学毕业后直接到美国求学的第一波留学党。我还记得她和另一位同学 Emily 到达美帝初期的故事：俩人宿舍的浴缸堵了，突然凌乱地分不清"堵"应该用哪个单词，然后一边查着手机词典一边打电话请人来修；刚到学校时因为宿舍没有床，前几宿她俩就直接睡地上；在图书馆埋头赶作业时，还能遇见衣冠楚楚的男同学前来进行口头性骚扰……

在美国历练的这两年，她们见识了我们不曾见识的，也经历了我们不曾经历的，然后对比、感叹、追问、怀疑、反思、揣摩，最终做出这个可以说服自己的决定——还是回家吧。

我知道，这是一个艰难的决定，什么前途、梦想、选择、家庭、感情、奋斗、远方、现实……当所有这些闪耀着挑逗色彩的东西全揉一块儿了，只能是无休止的纠结和烦躁。如果随便扔给自己一个答案会觉得不甘心，而瞻前顾后左右权衡又常常发现自己总有舍不得。

有一种艰难是奔向特定目标的途中必须经历的周折，而有一种焦虑却是不知道自己究竟要什么时反复取舍的困惑。我们往往是后者。

然而，与我们中国同龄人的普遍性迷茫形成惨烈对比的，是我的欧美同学"立长志而静守"的执着。有的人梦想很大，有的人梦想很早，而他们的梦想，听起来就像是不懂事的孩子随口说出来的那些不能当真的话，却成为他们一直在努力兑现的承诺。

班里的德国同学 Jana 瘦瘦小小，她的举止优雅得就像是芭蕾舞演员，一笑起来甜得像蜜糖，光看表面大概谁都不会猜到她是一名学生运动员(student athlete)，主攻 10K，梦想是成为马拉松运动员，但现在因为背部拉伤她已经进行了很长时间的恢复性训练。"我就想跑马拉松，所以慢慢等伤全好了，就慢慢练。以后回到科隆我要成立一个自己的跑步俱乐部，带更多的人一块儿跑！"Jana 神秘地说，现在她所做的有关跑步的一切，只是因为自己在上幼儿园的时候就喜欢上跑步的感觉。

之前在暑期英语写作课上认识的意大利小伙儿 Nicolò 是米兰一所大学经济系的学生，他更传奇的身份是 NASCAR 欧洲站的职业赛车手。Nicolò 跟我说，他 9 岁第一次玩儿卡丁车，10 岁就参加了人生中第一场卡丁车比赛，16 岁时正式踏上职业车手的赛道。Nicolò 在 15 岁那个叛逆的年纪时突然不知道何去何从，沉沉浮浮犹犹豫豫告别赛车小一年，等重新返回赛道，他从参加地区级别的比赛到全国锦标赛再到现在欧洲的比赛一路拼了下来，从之前一直不上不下的排名 26 位到今年飞速赶超到第 6 位。"挫败和失意都再所难免，这些都是职业车手必须经历的，但我的秘诀就是努力去忘记吧忘记吧，就像自己一无所有一样，然后重新出发。"Nicolò 眉飞色舞地说，"赛车可是我的梦想啊！"他现在 19 岁。

每一个故事都是平凡的个体在默默反击着生活的考验，每一条奋起的道路都是在坚持中慢慢逆袭的过程。理想主义的实践者不会用现实主义的荆条把自己捆绑，他们可以忍让，但不会妥协。

如果我们认为人应该有所追求但却分辨不清自己真正想要的是什么，那就谈谈经历、不提梦想。前段时间一位同专业的前辈来和我们分享自己的从业心得，讲了许多励志的故事，我听完也就全忘了，唯一一句"To learn something from everything"是我记住的最靠谱的信条。

赶夜路的人哪，继续埋头前进偶尔抬头找光吧，任何答案都为时过早。

2013年8月23日 20:00
落笔于暖气热翻天的 The Del Santo Reading Room

第 5 封信
孤独星球

随手翻开密密麻麻的日程表,原来我已经在美帝晃荡了10 个星期。

研究生项目的第一门课程顺利结束,还好,就在我快要被各种作业正式逼疯的前一刻,那些不带喘气儿的剧情终于落幕,我勉强幸存了下来。

到学院办公室查成绩,学校为了保护大家的隐私,成绩表上只有学号后三位数字而没有名字。我紧张地在茫茫一片数字串儿中搜索自己学号,直到用两个手指头指着确认了自己的成绩是 2B 的 B,我才长舒一口气。这两个月里,在我成功启用了被我废弃多年的"学霸模式"之后,终于在美国人主导的课堂里混入了平庸阶层——虽然许多人比我好,但总人比我差,对此我已经暗爽不已。

高我一个年级的日本学长裕太桑似乎看穿了我这种"甘于平庸"的人生态度,他先给我讲了一段儿自己当初是如何彻夜顶着高烧和肺炎准备演讲,在作业堆成山的时候又是如何每天一睁开眼睛、身子从床上弹起来就自动开始写 Paper 的励志故事。当然,他最后以全班唯一一个 A 秒杀了所有美国同学。裕太严肃地提醒我:作为国际生,第一门课你可以只和美国人得一样的分数,但是从第二门课开始,你的目标必须是超过美国人!你只有比他们更优秀才能在这儿混下去!

当我还沉浸在之前的暗爽中不能自拔时,裕太君善意而客观的提醒确实给了我当头一棒。我依稀在恍惚中看到了一个绑着头巾挥着长刀的日本武士……然后再凭借我残破的历史知识又自然而然地联想到某场战争……算了,不能想太多,我赶快转移话题:热烈庆祝东京2020申奥成功!

裕太同学是一个有意思的热心人,即便我没有开口问他任何问题,但只要每次遇见他,他都会以"前辈"的角色提前帮我指点迷津——他先根据自己以往的经验预测一下我近期可能遇到的困难,然后再告诉我他当初是怎么解决的。我告诉他我的学习生活都还好,尤其在美国办什么事儿也都很方便,不论是在学校还是去政府部门,办任何手续都很顺手顺心,对此裕太还很不屑地说:和日本相比,美国的服务简直就是Shit!说完就得意地笑了。

当然,美国和日本那样都恨不得给客人跪下去的服侍水平自然没法儿比,但在这里,绝大部分人都可以"根据简便的流程按规定办事",并且大家都能够"有尊严地正常活着"。

在旧金山呆了两个多月,虽然我没能像预期那样拿着一本《孤独星球》(Lonely Planet)跑遍整座城市,但至少在每次往返于工作的公交或火车上,都能强烈感受到这是一个温厚而有包容力的城市。

我没有去过纽约,但我想旧金山应该就和纽约一样,也是一个形形色色的大熔炉。在这里,热闹的大街上走着的大概只有一半的人在讲英语，除了我能判断出来的日语、韩语和其他不明语种之外，我还听到过一次淳朴气息扑面而来的对话：哎呀快告诉俺在哪儿坐车！俺要找不着道了！

旧金山的公交车上是英语、西班牙语和粤语三语播报；在有轮椅或者婴儿车需要上公交时，再拥挤的乘客都能迅速而有序地腾出足够的位置给予方便。黑人大妈会在公交车上高歌自由，也有坐在车站的角落里敲打着吉他老汉。人潮涌动的商业区常会有人举行集会和抗议，路边的乞讨者会加入到听众地行列，认真聆听并热烈鼓掌，偶然路过的听众也会上前和演讲者击掌拥抱，手拉着手逛街的男同性恋们只是再正常不过的城市一份子，路边的标语上也醒目地写着: Show your love！

有一次在 Caltrain 的小火车上，坐在我后排的一个小女孩儿突然自告奋勇说想做车站的播报员，不一会儿广播里传来的就是她稚嫩纤细的童音……旧金山果然是一个充满任何可能性的世界。

还有一次我在渔人码头还迎面撞见了一位裸体主义者（Nudist），没太见过世面的我一瞬间吓得就快掩面而逃，除了那些手上捏着地图的游客有些好奇地拍照之外，其他都是些彼此不会侧目的路人。对此我还去专门打听了一下，在这里如果不穿衣服直接全裸出门的话是合法的，因为那是你的个人自由；但如果你是在公共场合把衣服脱了，那就是违法，因为妨碍了公共秩序——来到旧金山之后，我探索研究的领域真是越发宽广了。

正是因为感受到了这里的无限可能，我也做出了一个"老骥伏枥志在千里"的决定。我的同班同学、专业长跑运动员 Jana 得知我没有经历任何训练就直接参加过 10K 比赛而且历史成绩还并非惨不忍睹，她顿时惊觉我是一块被埋没已久的可塑之才（此处应有掌声）。于是，我的运动员生涯就这样开始了。

现在每周 Jana 都会带着我进行几次专业的训练，各种项目齐备，练核心力量，练耐力，练协调，她还很认真地给我制定每一次的训练计划，掐着秒表盯着我的动作是否专业到位。其实我对自己的要求只是把小肚子变成六块腹肌，但小教练 Jana 对我的期待是明年 7 月份的旧金山半程马拉松。每次进行核心训练练得我手脚发抖撑不住想要摊在垫子上偷懒时，这位格外严肃的教练总会一本正经地盯着我说：任何时候都不要放弃你的天赋！然后我只能继续手抖脚抖喘着粗气重新开始。

此外，从 8 月份开始，为了省点儿钱、同时也为了每天能吃上正经的人饭，我已经全身心投入到自己做饭的事业当中去。一天中最轻松惬意的时光，应该就是我在乱糟糟的厨房，听着李宗盛的《山丘》，然后在火星飞溅的油锅里噼里啪啦炸牛肉。

只是一个人吃饭的时候，会时不时在脑海中闪过几个被我刻意省略掉的让人心有余悸的画面———曾经抵在室友肚子上企图抢劫的枪口，还有 Dolores Park 空气中飞舞弥漫的大麻。

当然，不是所有的东西都如想象中的美好，这些扭曲而分裂的场景时不时地警醒着我——在美帝，一定要提高戒备，然后吃好活好。

> 2013 年 9 月 15 日 23:40
> 在 Lone Mountain 山顶的 Reading Room
> 强忍着饥饿写完了

第6封信
裂变的时代

如果在一天之内有许多人微笑地看着你说：又剪头发啦？你就会明白——肯定是因为自己又把头发给剪毁了，所以才会在人群中如此夺目。

据说留学美国可以在短期内培养出三大技能，一是做饭水平迅速提高，二是扛大米搬箱子力大如山，三就是剪头发水平堪比国内的洗剪吹天王Jack、Tony等老师。

还没来美国之前同学就提醒我说，留学准备的第一步就是要把头发留起来。如果留短发简直就是祸害，每个月剪头发的钱都扛不住，随便剪一回最次的就几十刀，更别妄想着再花什么钱去弄发型了。所以把头发留长，后面的任其疯长，前面的刘海自己捋齐了拿剪刀咔嚓一下，一刀搞定。但经常由于我下手太狠，要么把刘海剪得太短，要么直接剪成狗咬状，所以在不久的将来，刘海变中分也很可能成为我等手拙人士最后的选择。

经过在美国三个月的实践锻炼，除了上面说到的三大技能有所提升，我的脸盲症却愈加恶化了——比如我花了整整三个月的时间，才完全记住了班上34个同学的名字和脸。前几天我挺惭愧地和一个美国同学讲起我这窘迫的"记人"能力，她喜出望外地说：啊！是吗？你已经记住班上的所有人了？！快和我讲讲，我大概还有五六个人没记住。于是她手脚比划着给我描述班里同学的样貌，我就像做测试题一样，很认真地在脑海里搜索着每个同学的长相特征，然后再告诉她答案。

美国研究生的课堂可能就是这样，同学们定时在课堂上露露脸，各自聊聊近况，课后偶尔会一块儿去酒吧增进下感情，晚了就各回各家。除非租房住在一起，哪怕是同班同学，平时也很难经常见到。虽然班里的热心人士也会定期组织大家出去疯一趟，但是很难有齐刷刷的集体出行。哪怕是做小组项目被分配到一组的几个同学，做作业也都基本是靠打电话会议一起解决——这种高端洋气的交流方式又给我带了新的挑战——好不容易才觉得在课上练听力的节奏稍微缓和一点儿了，课下的讨论却让我更加精神紧张。

我们现在这门课的老师是南非人，我喜欢听他讲课并不仅仅是因为讲授的内容，而是因为他的口音。他四平八稳的南非腔终于让我感觉课堂的时光变得温柔了一些，不像第一位教授那样飞檐走壁还带转弯儿的美式英语那样刺激。但是，只要轮到六七个人一起开电话会议讨论小组作业，尤其经常还要在电话里争论，对我而言那就是一个更噩梦更醒脑的场面——我常常握着电话懵在那里，高度紧张地捕捉着来自四面八方的关键词，那状态真的比考托福还紧张。由于我常常被镇住了不发一言，导致我们同学经常误以为我掉线了。等后来我有了经验，为了能正常加入到大家的争论中，我在电话会议之前都会先在笔记本上写好我要讲的内容，以防电话中争论太过激烈而我又根本插不上话。

当然，这三个月里，我还是有许多东西没能学好，所以随时都能把自己突显得十分没见过世面。

首先是旧金山的垃圾分类。在这里倒垃圾都要分做Recycle、Compost和Landfill三类回收处理，除了矿泉水瓶和纸板儿我能不过脑子就知道是可回收（Recycle）的之外，其他垃圾应该扔到哪儿都会让我很困惑，所以我每次扔垃圾都要忍不住要往垃圾桶里使劲儿瞄几眼确认自己分类正确，才敢进行下一步动作。

其次就是用洗衣机和烘干机。来美国之前，家人还担心说美国这儿太阳大不大，晒衣服容易晒干么，结果来了才知道，在这里根本不用晾衣服，因为所有的衣服全部扔到公共洗衣机里面洗，洗完烘干直接抱走，完全免去了在阳台晾衣服这个环节。据说烘干机的高温消毒效果很好，但是我至今没办法接受美帝国主义这样内衣内裤也跟着一块儿洗一块烘干的豪迈方式，甚至听说还有人直接把帆布鞋也搭着进去一块儿洗的。哪怕有很精致的布袋子可以让你把内衣和外套在洗衣机里面隔开，但这似乎还是已经突破了我可接受的底线。据说在美国还发生过华人在阳台外面晾晒内衣裤结果被举报说影响市容市貌的案例，所以我只好自己买了一个可折叠的晾衣架藏在屋里，"偷偷摸摸"晾那些自己手洗的小件衣物。

第三，至今没办法接受的就是洗碗机。关于洗碗机如何工作的原理，我研究了很久也没有头绪。洗碗机看似很方便，但每次使用之前都需要先把餐具里的残羹废食用水冲掉，然后再根据洗碗机的内部构造把餐具小心翼翼地慢慢放进去。我一直坚信把所有碗筷放进洗碗机这个冗长的过程已经完全足够我自己把碗洗完了,所以现在厨房里的洗碗机也被我打入冷宫,对它一直都是冷眼相待。

此外,还有不习惯的就是过马路。在美国总是车让人,我不走,车也不走,所以我每次在路口和车辆相互谦让时,都会遭到旁人的"嘲笑"。当然,这种默认的准则并不是随时凑效,有一次我自鸣得意仗着"车让人"的道理,目不斜视大摇大摆过马路,正好遇上一位大哥到了路口还一边回头跟人吵架一边踩着油门飙车,眼看那车直接冲着我的肉体开了过来,幸好我们同学反应灵敏且身强力壮,果断伸手猛拽一把给我提回路边,算是帮我捡回了一条小命。

有时候我会"嫌弃"国外的东西,当然,国外的人也不一定"看得惯"我的生活方式。比如我现在已经多了一个雅号,就叫做 Chinese fried everything(是应该翻译成"中国人炒一切"么?)

有一些国外的同学对我的饮食习惯持高度怀疑的态度,因为我每天吃的东西就是炒菜、炒肉、炒饭、炒面,尤其是他们认为只能生吃的番茄、紫甘蓝、生菜等一系列小清新美味,都被我暴殄天物一般哐哐哐全扔油锅里了,简直天理难容。但是,他们同时也会对自己的人生产生怀疑,在他们眼里,我整天就过着喝油一样的生活还如此的"瘦弱",而他们每天干嚼蔬菜却依然"壮实"。我以前很傻很天真地以为美国人都是天天猛吃炸鸡和大汉堡,现在才发现其实许多美国人都吃得十分清淡而且克制,吃个袋装食品都要先确认包装袋上的卡路里含量什么的;有的人为了控制饮食但又要保证营养，每天只喝搅和成一杯一杯的蔬菜水果汁，而且纯正的素食主义者也是一抓一大把。

除了这些彼此看不惯的"个别案例"，也有大家都喜闻乐见的场面，比如一起去参加社区活动。

一年当中会有那么几天，住在某一片社区的居民会集体出来聚在一起吃喝玩乐，这应该算作是资本主义社会进行社区精神文明建设的一种方式。

我参加的社区活动中最有趣的一部分就是动物饲养员会把自己养的小动物带出来，有小鸡、小兔、小羊、小猪、小马驹，然后用简单的围栏围成一个动物园，给小孩子和小动物亲密接触的机会。我在社区活动中属于志愿工作人员的角色，实际就是跟着爷爷奶奶辈儿的"居委会成员"给人看动物园，简而言之就是守门的，负责盯住在动物园里面玩耍的"熊孩子"，谨防他们造次，比如只允许他们抚摸小动物，但不能把小动物从地上抱起来。可是经实践发现，这里的小孩儿都很守规矩，老老实实排队，温温顺顺地对待小动物，家长也格外配合我们"看门人"的工作。

其实守动物园也没有想象中的简单，因为随时都要回答孩子们关于小动物生活习惯的提问，但我基本一问三不知。还有一个最刺激的场面，就是动物园里的鸡和小羊趁我们不备时窜逃出去了，我只能一马当先满草坪疯跑给人捉鸡和捉羊。当我握着小鸡还勒着小羊的脖子送它们回"动物园"时，赢得了人民群众的热烈掌声。

偶尔参加这一类社区活动的志愿者纯粹属于休闲放松，但是一旦要上正道了，去做和我们的专业挂钩的体育赛事志愿者，那就只能是逼疯的节奏。早上四点半抹黑起床出门干活，晚上八点累得扶墙回家，每天只睡两三个小时，这都是常态，两场比赛折腾下来顿时就觉得自己苍老了几岁。

一旦赶上这样起得比鸡还早的赛事活动，我都是大清早起床自己炒一碗蛋炒饭，分秒必争站着吃完就出门。街道上是闪烁的霓虹灯，路边停满了密密麻麻的车辆，整个城市都还在睡觉。街角偶尔会有一两个黑影闪过，因为我过于谨慎所以总会惊住几秒。有时候警戒心作祟猛一回头，果然会看见尾在自己身后的人突然扭头改变前进方向，还是有些不寒而栗。但我又想，那么黑的天儿，也不用害怕别人，因为说不准别人也在怀疑我是不是坏人。所以现在只要是一个人大清早抹黑出门，为了安全起见，我都会穿一身夜行衣，戴一顶大帽子遮脸，走路姿势再痞子一些，最好让旁人都以为我是不正经的人，就达到了最理想的效果。

其实到了周末谁不想捂在被窝里一觉睡到中午呢，只不过想着自己得赶快接接地气，尽快混入美帝的大大小小赛事当中长长见识，不然眼看着同班同学都在职业联赛里逐渐风生水起了，我还搁这儿跟人扯英语扯不清呢。

所以有什么就做什么吧，生活就是没有对错的各种尝试，下一步走去哪儿谁又知道呢。

2013 年 10 月 6 日 23:00
写了 N 天终于在 LM Reading Room 写完了

第7封信
一枚笨拙的国际生

前段时间美国政府关门被大家狠狠嘲笑了一把。政府都能关门？人们一歪嘴，邪恶地一笑，啧啧！虽然我很努力地试图去搞明白政府关门究竟和我有什么关系，但看完了一堆关于什么党派分歧、什么议案、什么众议院参议院的深度分析之后，我似乎只明白了一个道理：联邦政府一关门，他们负责管理的动物园也就不能正常营业了。

美帝政府从关门到重新开张，好像对我们这种外来人口的生活没有什么直接影响，反而是旧金山湾区的捷运 BART（Bay Area Rapid Transition，地铁小轻轨）工人罢工，给我们出行带来了不便。不过换一个角度看，人家的工会就是有这个底气，机械师、文职员、列车运营商就敢和捷运高层果断闹掰，"什么，每年工资才涨3%？老子不干了！"

作为一名眼界有限的国际生，上次在逛街途中偶遇声援叙利亚的反战游行，就已经让我血脉喷张，如今又赶上捷运大罢工，我就借机各种东张西望，完全就是一种"看戏"的心态。当然，也正是因为自己是局外人，有许多东西都是新鲜而陌生，所以才有"好"戏看——又比如橄榄球（American football）比赛。

橄榄球在美国的地位应该怎么形容呢？体育完全是美国人的一种生活方式，想要融入美国人的社交圈，体育就是一个最顺口的话题，但如果关于体育的知识层面仅限于NBA巨星或者球队的话，那么聊天的热度也只能呵呵而已。比起篮球，在这里大部分人似乎更愿意聊棒球和橄榄球。

掐指一算，我来美国快四个月，也算现场看了四场比较正经的橄榄球比赛，从一场最顶级的 NFL（National Football League，全美橄榄球大联盟）的比赛，到两场 NCAA 大学生联盟的橄榄球顶级对抗，再到一场私立高中的校队橄榄球比赛，虽然我都是抱着深入观察美国人民真实生活的目的去的比赛现场，但只要我坐到看台上，立即就变成了从另一个时空降临到现场的隐形人，因为自己的气场和周围的比赛气氛始终格格不入。

我们最先去现场看的几场橄榄球比赛，不仅仅是我，包括其他国际生，大家就像集体看破红尘一样，冷若冰霜地坐在看台上，不明所以地注视着球场内的小人一会儿摆出某个阵型，一会儿突然分散，一会儿突然聚合，一会儿一拨人上场再换一拨人下场，一会儿这边得 1 分，一会儿对方又得 6 分，完全摸不着头脑。后来我们发现，仅仅聆听他人欢呼是不对的，我们也需要积极参与其中，但最坑爹的是，偶尔附和尖叫几声也没踩准点儿，都是别人紧张观战我们不合时宜地惊呼，等出现好球了别人从座位上跳起来击掌欢呼时，我正好低头看手机。

就这样一直熬到我人生中第四场伯克利（UC Berkeley）主场的橄榄球比赛，我立誓不能再这样麻木下去，于是赛前搜索整理了一系列中英文对照的橄榄球规则并进行强制记忆，终于在现场看球时不那么呆若木鸡，也不会看着人群乱跑但完全不知道那个杏仁般的小球究竟在何方。在自己逐渐能稍微看懂一点儿比赛之后，似乎对橄榄球产生了那么一点小喜欢，但谁知道这种兴趣是真心的，还是被周围咆哮的环境给逼出来的。

所谓"美国人的生活方式"，其实许多东西就和橄榄球一样，对我而言就是强扭的瓜，勉强能吃，但不算甜——又比如同学们喜闻乐见的定期泡吧环节。每一门课程结束或者某个项目完成，或者随便找一个什么理由，我的美国同学都喜欢相约涌入酒吧，聊近况、谈人生，然后举着酒杯跟着音乐摇头晃脑。最令人敬佩的，是我们一位刚做完膝盖手术的同学，都坚韧地拄着拐杖前往酒吧狂欢。

说句掏心话，我这样比较保守的传统中国女性实在不太习惯酒吧里那些迷离的灯光和妖娆的点缀，更何况在酒吧里大家都是吼着说话，对英语听力又是一个全新的挑战。但是为了不错过本来就少有的班级集体活动，我尽量装作驾轻就熟地与大家一道奔着酒吧去，但有一次由于我忘带身份证，虽然双脚都已经迈进酒吧，但无法用法律文件证明自己已经年满21岁，任何解释都是徒劳，最后的结果就是被查证的大叔直接撵了出去。

以前我还窃喜，以为自己长得太年轻像个未成年的孩子，才被这样严格地查证，后来才知道，哪怕是白发苍苍的老爷爷，按照规定都得查证。

我跟老师说，我还是不太适应美国这样以各种名义的泡吧、社交和 Happy Hour，老师似乎见惯了国际生这样那样的笨拙和拘谨，他总能用短短一句话就能让人瞬间洗脑，"你可能是真的不喜欢这样的生活，但更有可能的是，你自己在回避困难、拒绝改变。"

2013 年 10 月 26 日 22:10
LoMo Reading Room

第 8 封信
生活的出路以及其他可能

上个月和久未谋面的大学同学相会旧金山，无不感慨万千。毕业之后大家各奔东西，每一次"真人版"的小规模相聚都实属不易。

聊起老同学们的近况，自然想起两年前大学同学阿标离开北京前的那顿散伙饭：我们一帮狗男女占领了学校小南门外某个知名饭馆的"小包间"，大家靠大声喧哗掩盖寂寞，然后吃吃喝喝觥筹交错欢送阿标。阿标是当天最大的主角，他穿着胖子专程送去的"黄马褂"，二锅头喝多了，靠在角落里口齿不清地发表梦想宣言。那是一个极端混乱的饭局，独自举杯的，坐着就吐的，抓个人就抱着哭的，使劲儿嚼着菜顺便吞着眼泪的……

我们似乎没有经历多少坎坷，也没有见识过什么大风大浪，但一直就这样，因为离别伤感，因为不确定的未来而恐慌，也不会用其他方式来表达。大家每次都带着犹豫地抗争，却又一点点有些失望地缩回手来。偶尔想停下来思考点儿什么，却被匆忙的洪流裹挟着涌向不知何去何从的前方。

毕业后的两年，从我吃同学的散伙饭，到同学吃我的散伙饭，再到我在各种社交媒体上远程围观其他同学吃散伙饭，曾经奋战在北京媒体圈、广告圈、地产圈、体育圈以及其他各种圈的同伴们，许多都逐渐选择逃离北京。

毫无疑问，北京绝对是一个有着巨大魔力的城市，而且中国范围内最好的资源和相对而言最公平的机会都在这里。泱泱帝都，五环周边都会充斥着一种不会崩塌的激情，这里有无关年龄的青春澎湃，有好奇和迷惘，所以让人奋不顾身投入这座城市，哪怕每天都要和陌生的男男女女脸贴脸挤着早高峰的地铁，即使偶尔还会闻见一个隔夜的韭菜盒子味儿的饱嗝。为了自己曾经许下的那个未来，再多的身心磨砺，都要甘之如饴。

坚守在北京打拼的年轻人，就像是在雾霾中搜寻一张藏宝图，他们抱怨着久不退散去了又回的尘埃，然后略带怀疑地继续为不知道是否存在的"美好生活"而奋斗。同时，他们也一边算着房价，一边估摸着自己什么时候离开。其实，也无所谓什么高远响亮的北漂梦想，大部分人只不过都是谋生罢了。"先看一看，闯一闯，未来的话，以后再说。"大家都像背诵指定教材一样，统一答案。当初铁了心要出国留学的人考入了警察系统，注定了个人的行动范围已经与党国的边境线紧密捆绑；以前认定要在北京一起打拼生活安顿下来的人，却也各自走散，不问彼此。

许多同学撤出北京之后，南方的深圳广州成为了他们的新战场。从英格兰回来的黄小鱼说，深圳是一个年轻而有包容的城市，她就是喜欢，所以一回国就直接投奔那里。

小我3岁的同班同学李晶晶（清白声明：我真的没有留级，只能怪她读书太早又跳级太多）今年夏天从意大利学成归来,如今已经在上海轰轰烈烈地开始做起了自己的时尚服饰品牌。记得上大一那会儿我们还专门逃课去北大的草坪上睡觉,然后混迹在北大校园里参加各种各样的讲座,听唐骏乱侃,挤在人堆里眺望王石……我们一起去地质大学上剪纸课,下课了再附庸风雅地去隔壁的矿业大学"赏牡丹",然后躲在花丛里聊一些不着边际的疯言乱语。如今,当初那些纯粹乌托邦的念想一步步踩成了真实的路。她说:再难,只要坚持。字里行间全是初生牛犊不怕虎的气势。

然而,也有许多长我两三岁的哥哥姐姐,在北上广摸索了多年之后,有些无奈地撤回三四线小城市,靠父母陪着笑脸以及其他,终于成功打入体制内,让自己有了一份"不甘心却也安定凑合过"的保障。

在北京的那六年带给我的是最纯粹最直接的生活体验,从学习到工作,看人来人往,然后自己滚蛋;但美国的生活更像是给我一个新的机会,旁观其他多种可能。

在 NCAA 的篮球场上看那些为了进军 NBA 而全力以赴的大学生运动员,听一个留着爆炸头发型的小青年讲自己辞掉工作艰难创业的故事,参加硅谷的移动互联网大会真正见识了当今互联网科技已经到什么地步……

越是看见世界之辽阔,我就越能醒悟:生活的真理,就是要在大小适宜的世界里,做刚刚好的梦。

前几天和我的跑步小教练再次聊起自己之前跑 10K 的"辉煌"战绩,她顿时醒悟其实我根本不是被忽略掉的"跑步小天才",我们最初的误解可能是彼此表达上的错乱,因为她只需要 34 分 07 秒就可以完成 10K,而以我的实力轻轻松松就能突破1小时；而我的收个10K战绩，她误以为是我的半程马拉松纪录……但庆幸的是，最近我的训练表现貌似还不差，小教练更加得意地说：既然开始了，就不要停下，会有更加惊喜的结果！

所以，如果有的际遇是一种错误，那就让错误开出花来。

2013年11月10日 00:28
Loyola Village

第 9 封信
让人忍无可忍的旧金山！

短短三天之内我在旧金山胡乱溜达的奇异经历，即使还没有到颠覆三观的地步，但足够让我这样一直沉浸于三俗生活的人大开眼界。

第一个奇遇：感恩节那天我照例到金门公园跑步，正好路过旧金山的植物园，眼看大门口赫然贴着一张简陋的字条"今天感恩节不收门票，大家好好玩儿吧！"像我这样贪图小便宜的人，立即决定暂停跑步，果断闪入园中玩耍一番，觉得自己大赚了一笔。

旧金山植物园里其实是动物的天下，尤其要属松鼠最为猖狂。我霸占了一条长木椅，坐在上面缓口气儿，松鼠同学纷纷轮流凑近围观，先跳上椅背打量我一会儿，再轻脚轻手地窜到我跟前，用小手敲敲我的大腿，然后磨磨牙齿伸出小手，跟我要吃的。可我身上除了一块儿跑步计时用的手表，真的一无所有，况且植物园的游客须知上已经白纸黑字地写着"请不要给动物喂食"，我无奈，只能挤着嘴学着发出几声松鼠的吱吱叫逗它一下。小家伙看我没动静，失望地离开了，另一只小松鼠又凑上前，重复着同样的流程，我很无助，只能让它空手而归，直到第三只小松鼠凑到我跟前，确认我真的是穷光蛋之后，终于鄙弃地离开，跳回树林里自己找个小坚果摇头晃脑地啃起来。小松鼠们散去,我也准备继续免费游览大好河山,转身就看见椅背上刻着一句惊叹号的小诗"What a paradise but a garden!"

第二个奇遇:感恩节前夜大伙儿们聚会,散场之后新认识的朋友带我们到旧金山的制高点 Twin Peaks "视察"。山顶车停得不少,远处城市里弥漫的灯光映衬着来往行人剪影一般的身形。突然,两只毛绒绒的不明物体突然从脚底下钻过,我们还没来得及吓一跳,那位新朋友已经镇定地解释说这是 XX 出来觅食了。我问了两遍 XX 是什么东西,但由于本人词汇量实在有限,只能现场掏出手机请新朋友慢慢拼写字母,当 r-a-c-c-o-o-n(小浣熊)的字样从手机屏幕上跳出来时,我恨不得激动地当场摔手机!以前吃了那么多年的小浣熊干脆面,心中一直牢牢记着包装袋上那个愣头愣脑的样子,还有那条走在时尚前沿的条纹大尾巴,如今总算看到了小浣熊的真身!我们干脆追着它们前进的方向过去,发现两个家伙已经在小树丛里忙来忙去,吃得不亦乐乎。

第三个奇遇:今天下午到渔人码头放风,我们一群人沿着堤岸溜达,突然偶遇一高大威猛的深色物体在水面上探头探脑,大伙儿兴奋地凑上前分辨,瞪大眼睛看清楚了,竟然是海狮!海狮大哥仰着头用呆萌的眼神打量我们,左看看,又看看,发现我们在岸上激动地指手画脚,他轻蔑一笑,一低头钻回水底去了。我们还在兴奋地谈论着他的身影,继续往前走了两步,又看见一只不知道是鹤还是鹳还是其他品种的长腿大鸟走在海边逮鱼吃,优哉游哉,过着许多人求之不得的慢生活。

我们明明活在城市里,可这每天都是逛野生动物园同时附赠水族馆通票的节奏么?!实在忍无可忍!这不是逼我有事儿没事儿就得出去转悠转悠等着邂逅各种奇异动物吗!!

       2013年11月30日 23:53
       写完本文怒摔电脑睡觉!

第10封信
那些人,那些事

短短三个月间,发生了许多。

12月中旬的某一天,我彻夜疯狂赶完作业,短暂回国几天参加哥哥的婚礼,回家还没有见到什么朋友,就因为暴饮暴食以及水土不服睡趴下了。据说从美帝回国的人都得大大小小病一场,这听起来像是一种太矫情的病,却不可避免,并且已经在许多人身上一一应验。在家睡了几天,等我恢复体力能扛得动大箱子的时候,又到了返回北京的时间。顶着雾霾穿梭在京城,和老友们匆匆忙忙吃喝了几场,挥手说着来年再聚。

返回美国的那天是一大早的飞机,我竟然迷迷糊糊睡过了点儿,强行睁开眼睛,抓过床头的手表我瞬间就傻了,身子还睡在崇文门同学家的床上,脑子已经在慌乱地加减着时间:真的,距离停止办理登机手续还有45分钟!我一声惊叫,在北京收留我包吃包住的小韦也从梦中跳起,两人手忙脚乱套了衣服,随手拎上那些杂七杂八的箱子袋子,披头散发就往外跑。

冬天早晨的北京,继续灰蒙蒙。我们就疯子一样闷头狂飙,不知道是怎样狼狈地跑出了小区,一路上只是祈求着到马路上能遇见一辆不拒载的出租车。后续的故事,还好都以各种万幸为收尾：正好掐点儿的出租车，在值机柜台关闭前五分钟到达，飞速找到寄存在机场的行李，还有因为我的迟到专门延迟了托运车的工作人员……没来得及上演的依依惜别，慌乱中没有诚心说出的感谢，甚至起飞前编好了却没有发出的再见短信，都在措手不及的剧情中自生自灭。这就像是我们在奔前途吧，想了很多，但也没来得及回头多看几眼，慌乱不堪，起飞了。当然，故事也可以理解为另一个版本，就是你以为一切都已经来不及了，狼狈不堪地搏一搏，也许还有戏。

重新回到旧金山，我竟然活出了另外一种状态。在这个不大的城市里混了半年之后，原本层出不穷的新鲜感顿时就幻灭了，每天在自己的圈子里转悠，规律地吃饭学习见朋友出门溜达。按照一位北京妹子的话来说：我们已经太把自己太当本地人了。前半年浅薄地见识了旧金山过于多元的文化和过于强大的包容能力之后，所有因为陌生而带来的不安，就在这个时间点一瞬间戳破。

去年在渔人码头撞见一位裸体主义者，我还惊恐了几分钟，之后就把它当作一个常年不败的桥段到处散播。国内的朋友对那个场景很是好奇，但在旧金山，大家只会见怪不怪地说：没什么，这里可是旧金山啊！校园里抹着浓烈的黑色唇彩绿色唇彩的叛逆朋克并不稀奇，马路上亲昵的同性恋者也不是什么特殊的风景，有人自带扩音器在路边激情演说，即使没有听众，他们的声音也一直澎湃无比。城中心一带经常会遇见黑人"音乐家"把大大小小的油漆桶、塑料瓶组建成自己的打击乐器疯狂演奏，动感的节拍响彻整条街区，半年之前我会驻足围观，半年之后只是一边匆忙地路过、一边遥远地欣赏。

1月份的时候我一直忙乱于找新的房子，看到这样一份招租启事，觉得格外贴切：如果你想要与我们合租，请在邮件中简单地介绍一下自己的基本情况，我们希望你是一个相对正常一点儿的人，感谢你能理解，毕竟这里是旧金山啊！

旧金山，我们也称她是大三藩，像一个应有尽有的集市：逛不完的博物馆，吃不完的各国美食，看不完的演说和比赛，停不下来的打折优惠，还有各种有待进一步探索的骑行线路……这里吃喝玩乐花样繁多，精挑细选都足够填满自己所有的日程安排。可是，都已经不知不觉把自己当成本地人的我，总会时不时地产生恐惧——这不是因为文化差异带来的心理冲击，而是因为地理距离的遥远而产生的恐慌。

出国有各种各样的好好坏坏，好的可以享受，坏的可以克服，但是，地理距离上的遥远，却是完全没有办法消灭的困境。

远隔重洋，最大的代价就是"错过"。错过亲友婚礼的喜悦，也错过几次最后的送行。有一些喜悦可以重新翻出来大家一起高兴，可有一些遗憾，大家都不想多提。那些离去的人们，有亲人，有老师，也有敬佩的长辈。身处异国他乡，最残酷的事情莫过于在自己毫无防备的时候收到这样的微信："XXX死了"。短短几个字，却像发烫的枪口，甚至没有刻意去使用"没了""去世"这样略有避讳的词语。隔着手机，我们就像是隔了几个世界，无能为力。你甚至没有一个哭的环境，只会握着手机，抖得厉害。横着一个太平洋，即使我们有再先进的即时通讯,那些高兴的、难过的,总发生在不同的时空里,许多情绪都是倒着时差的隔夜货,还是会冷的。

再回想起来,三个月间,其实也好像什么都没发生,大家各自喜怒哀乐。我现在只是偶尔会在梦里遇见那些已经不在的人,记忆中的笑容没有改变,看起来好像还胖了一些。

2014年2月28日15:30
写于Gleeson图书馆

第 11 封信
今天抛给你一个问题：我们都跑了，父母怎么办？

中国俗话说"养儿防老"，但从整体的社会大环境来看，"养儿"已经靠不住了。现如今，越来越多的年轻人为了追求自己理想的生活方式，选择背井离乡，到拥有更好社会资源的城市去学习和打拼。其实，父母们的心头也都悬着一把刀：他们既希望孩子能有远大的前程，但他们也害怕，如果孩子在外地有了好的发展，就不再回来了。

2007 年我到北京念书，毕业后留京工作两年，2013 年来又到旧金山，如果不是这样掰着指头计算时间，我甚至都没有发觉自己已经离开家乡将近七年。从读大学的时候在寒暑假定期回家，到参加工作了只能春节假期回家，再到如今，第一次一个人在国外倒着时差过春节。我们回家的频率越来越低，陪伴家人的时间也越来越少。

人们总好奇：一个人离家在外的日子过得好吗？如果从理性的角度来评价，确实很好。我喜欢家乡安逸稳定的环境，但更向往外面这个充满更多可能性的世界。就像现在，有朋友正怂恿我去考飞行员执照，虽然我暂时没有这样的财力和胆量，但生活在一个资源更丰富、思想更开放、制度更健全的城市，就能接触许多我之前根本就不敢想象的东西，这样每天都像被打了鸡血一样的生活，确实会让人上瘾。但是，漂泊在外不可回避的痛处就是离家太远，这种距离上的遥远，不是靠视频电话和微信语音就能解决的问题。最大的无奈，就是当家人需要我的时候，我不在身边。

前段时间妈妈身体不太好，只有爸爸陪着，以及靠他们的好朋友帮忙到处求医。我除了能远程说几句"注意休息"或者从美国买一点儿保健品邮寄回来，只剩下干着急。我联想到在几年前，一位熟识的叔叔生病住院，他在外地读书的女儿也毫不知情，住院期间是靠叔叔同辈的朋友们相互之间照料。父母们已经逐渐到了需要陪伴和照顾的年纪，但他们也常常以"不想给子女添负担"为理由，把所有困难能扛的扛、能藏的藏。这应该是我们独生子女一代最不愿意提及的无奈：如果我们不能亲自照顾父母，谁能来承担这样的责任？我们的父母一辈兴许都有姊妹兄弟，如果兄长去了外地，还可以由其他姊妹弟兄照顾家中的长辈。而作为独生子女，我们一旦跑了，父母怎么办？最尴尬的现状就是：年纪渐长的父母一边需要照顾年迈的爷爷奶奶，一边还随时为身在外地的我们担惊受怕，如果他们自己在生活中遇到什么困难，很难指望我们这些"鞭长莫及"的子女，也只有依靠同辈的朋友之间相互帮忙。

我有许多朋友分散在美国、加拿大、澳大利亚、新西兰、英格兰、德国和日本，大家独自身在异国，也都混得有模有样。但有时候想想，漂在海外的我们，那些过于远大的理想或者叫做野心，更像是踩着父母的血汗去眺望更好的世界，然后把父母困在了遥远的老家。这像是一个很大的陷阱，我们都在努力往里面钻，但还不知道怎么逃出来。

偶然听到一次美国同学和他母亲的通话。母亲大概是在电话那头向儿子倾诉,说朝夕共处的儿子突然离开家去外地念书,自己的生活有些孤独和不适应,但儿子却很随意甚至有些不耐烦地回答:我长大了肯定是要独立要离开家的,如果你真的觉得孤独,可以养一只宠物分散下注意力,或者干脆再收养一个孩子。这大概可以算作美国家庭形态的一个小缩影:孩子独立之后与父母分开生活,大家互不干扰,偶尔帮忙。如果用中国的传统观念来衡量,这应该算作是"没良心"的典范。可现实中的我们,这些漂在外面的独生子女,似乎也在有意无意地变向实践着这个"没良心"的案例。

在旧金山生活的华人很多,走在街头只要留心就可以看见特别典型的两类年长的华人:一类老人往往形单影只,他们佝偻着肩膀,缓慢地走在街上,双手还拄着一个类似于小支架的多用"拐杖",带着滑轮的小支架可以在行走中为老人提供一个支点分担一些身体的负担,上面也可以放一些轻质的货物,避免无力的手臂再承受更多的重压——这些独行的老者大多是老香港人,属于移民一代,他们在这里生活了大半辈子,子女大概已经饱受美国家庭文化的熏陶,与父母分开各自生活,很少往来。还有另一类老人,他们往往是一家人同时出行,奶奶拎着大包小包,爷爷帮着推婴儿车,他们的女儿或者儿媳妇手中紧紧抱着一个拥有美国国籍的孙儿——这样的老人多属于移民一代的父母,他们远赴异国,主要是为了帮着子女带孩子,减轻子女的负担,同时也顺便感受一下资本主义的生活。在一个语言不通、文化有隔阂而且也没有什么朋友的地方,这些老人很少单独出行,继续照顾他们的孩子以及孩子的孩子成为生活的全部。

其实,这些场景就是"海漂"们的命运指向:如果选择独自留在国外,那么父母生活在中国的三四线城市就能"享受"到美国老人的待遇:孤独无依;但如果把父母接到国外,他们能享受到好一些的自然环境和医疗条件,但很难再有属于自己的生活圈。

去年我在硅谷的一个公司做实习生,公司例会有一个环节是让同事们互相聊一聊自己最崇拜的人以及为什么崇拜他(她)。在大家列举出来偶像当中,有声名显赫的科学巨擘,有呼风唤雨的企业家,也有全球知名的学者或者运动员,几乎每个人在兴高采烈地谈论自己的偶像时,都会提到"梦想"、"成功"、"改变世界"这一类极具蛊惑性但也很虚无的词汇。到最后一个男生发言时,他很平和地说:我最崇拜的人就是我妈妈。这个男生是华人移民第二代,父母是台湾人。他说:妈妈需要上班挣钱,工作已经很辛苦,还要顾及家人,尤其是照顾我和哥哥,非常不容易。妈妈从来没有说起过自己有什么梦想,她现在的梦想可能就是照顾好整个家庭吧,我认为这样也很伟大,所以我最崇拜她。他说完,大家都安静了几秒钟,而我属于羞愧型地沉默。另外一位来自中国的女同事说,她移民美国之后把妈妈也接了过来,原本想生活在一起可以更好地照顾她,可事实上,她的妈妈到美国之后承担起了更多照顾小孩的工作。她直言,虽然内心有愧,但因为工作忙碌却也只能继续"无情"下去,只有她的妈妈还常常念叨：多亏自己来了美国才能分担一些家务活儿，这样也能让子女们每天多休息半小时。

说残酷也好、赤裸也罢，可事实就是这样：父母无怨无悔的付出，而我们一直索取得过于坦然。经济的飞速发展、社会资源的分配不均让年轻一代都向往更好的地方，中国的超大及一线城市成为有志青年们的驻扎地，留学甚至移民海外也成为了许多家庭为之奋斗的新目标。"人往高处走"，这样的流动是发展的必然，也是正常的现象，但不应该让我们的父母成为这次人口分流中的牺牲品。

演员姚晨在一次采访中说，"我希望碰到14岁的我，我会跟她说，别去北京。"离家太早，对父母总是亏欠。《蓝鱼手绘日记》里有这样一句话："父母以为我们不会长大，他们错了。我们以为父母不会变老，我们也错了。"

现在我们都跑了，将来父母怎么办？身处异地的独生子女如何才能更好地赡养父母，这个让整个社会持续阵痛的问题，在未来的一二十年里将会爆发得更加血腥。而谁又能有一个两全其美的答案？

2014年3月24日
凌晨写于旧金山

第 12 封信
小商贩的人生

"你今天干嘛?"
"在 AT&TPark（旧金山巨人棒球队的主场）工作。"
"哇!高大上啊!具体干什么工作?"
"做志愿者。"
"做什么志愿者?"
"卖冰淇淋……"

今天又是变身小商贩的一天。

之前在北京工作，我觉得自己就是蹲办公室指点江山的料，没想到如今"沦落"成顶着烈日叫卖冰淇淋的小商贩。刚美国的时候，我在一个致力推广足球运动的组织和一所男子高中做过类似的志愿者，其实就是帮忙销售周边产品，可那好歹也是个"站台"的。现如今，我变成了套一件不合身的 T 恤、跨个大包、举个牌子、穿梭在 4 万人的球场里吆喝着卖冰淇淋的小商贩。

我们今天志愿服务的对象是一个帮助年轻人实现求学梦想的项目，所以当系上围裙、跨上大包的那一刻，我顿时觉得自己任重道远，似乎许多年轻人的求学梦想就指着我出去卖冰淇淋了。可是，当我真正走到群众当中，才知道想要把冰淇淋卖出去，绝不是那么轻而易举。简而言之，前半个小时，我们一队人马从球场四层跑到一层，也没卖出去一根儿冰淇淋。同伴们面面相觑：真难。

困惑间，我们碰巧遇见另一个组织的一位大叔，眼看他手中一大筐冰柠檬汁儿只卖剩两杯了，我们赶快上前讨教经验。大叔大概已经观察了我们这些新手好一阵子，他把我们拉到一边，掰着指头一一列举我们销售方式的致命缺点。他说：首先，你们就会举个牌子东张西望像复读机一样喊着"冰淇淋冰淇淋冰淇淋"是完全不行的，需要不停变换吆喝方式，勾起别人买冰淇淋的欲望，比如"哈根达斯！哈根达斯！高品质冰淇淋！香草味儿！巧克力味儿！哈根达斯！来一个吧哥们儿！"其次，你们走路的步伐太快，没有和那些潜在的消费者们有足够的交流，所以一定要慢下脚步，适时凑到他们跟前，询问、微笑以及坚定的眼神交流；再次，更致命的缺点就是你们的声音不够果断有力。紧接着他给我们演示了几段，鼓励我们再接再厉，又捧着仅剩下的两杯冰柠檬汁儿绝尘而去。

听了大叔的建议，我们有意识地改变了自己的销售方法，不知道是因为这些改变真的凑效了，还是由于天气实在太热观众们突然需要冰淇淋来解暑，我们竟然逐渐出货了：这位小妹妹来一香草的，那位阿姨来一巧克力的，熬了俩小时，也算卖出去一大半儿，而且我竟然收到了两块钱的小费，顿时就是要飙泪的节奏！我想，不论是如何在国内花钱大手大脚的人，出国有了每买一次东西都要忍不住按照汇率换算一下然后再心疼之分钟的经历之后，哪怕只是一块钱，都是闪闪发光的珍珠啊！

不一会儿，我自己已经颇有成就感，继续在球场里溜达，指望着能碰上一位有缘人能一次性多买点儿，解救解救我，也顺便帮助一下那些期待读书的年轻人们。突然，路边两位捧着爆米花的球迷大哥拦住了我，我激动地已经开始往包里掏冰淇淋准备询问他俩需要哪种口味时，其中一位大哥特严肃地说：如果我是你的老板，我立即把你炒鱿鱼！我一听，愣在了原地。另一位大哥果断指出我的致命缺点：声音实在太小！俩人此起彼伏的喊了几声，自信地告诉我这才是"行业标准"，叫我立即改正。由此可见，以我的销售水准，连这些潜在消费者都已经看不下去了。我羞愧地谢过之后，准备掩面而逃。转身碰上一位神采奕奕的老爷爷，他似乎看穿了我的窘迫，让我休息一会儿，由他来帮我喊一段儿。说罢，老爷爷一边紧紧地挽着身边老伴儿的手，用远超行业标准地音色帮我喊起来"冰淇淋！冰淇淋！冰淇淋！"他老伴儿就在旁边静静地看着他，甜甜地笑着。

之后的一切都过于顺利，顺利到哪怕我躲在球场豪华包厢的外面休息一会儿，都有许多球迷直接找上门来"提货"。我一动不动站在原地，把剩下为数不多的冰淇淋一卖而光。当我甩着一个空荡荡的大包、捏着一笔"巨款"得意地去交差时，才知道，虽然有人销售水平远不及我，但也有多位"卖霸"的销售业绩竟然是我的整整两倍……

好吧，这样特别的一天，从最初迫于"销售压力"的失落、到最后在各种有趣而好心的陌生人的帮助下，超出自己的预期完成任务，得意过后，有这样几个细心想过的体会：

1) 任何事，要想做好，都不简单。
2) 帮助别人，付出的不只是情感，回报的也不只有数字。
3) 你以为自己已经很努力了，事实上总有比你出色的人比你更努力。
4) 当然，努力很重要，机遇更重要。
5) 最后，生活就像卖冰淇淋，即使一开始没人搭理你，也要记得一直笑着接客啊！

2014年4月18日 1:15AM

Gleeson 图书馆

第13封信
我也很想TA

旧金山的天气依旧晴晴冷冷,小日子一晃就是五月。

最近几个星期的周末都在同学家度过,我们没有夜夜笙歌吸大麻,而是严肃认真地讨论小组作业:读论文、写报告、设计市场调研、倒腾SPSS做数据分析,颇具学术气息。

每到周末,我就自觉背个双肩包,顶着大太阳,掐着时间,拐过各种奇妙的街道,偶尔再爬个小山坡,快步走去同学家……这样早已被锁进记忆里的状态重新上演,仿佛瞬间回到十年前——但不再是那个闹哄哄的校园,不再是飘着汗味儿和方便面味儿的教室——时空已然面目全非。往年的同学许多已经初为人父母,而我还在这里东张西望,"搞搞学术,想想人生"。我们"学术讨论"的场所也不再是教室,而是同学家的海景房,隔窗而望,远处闪闪发光的海面漂浮物就是传说中的恶魔岛。

来美国10个月了,认识的人不少,但经常来往、能坐下来真正聊聊天的人不多,Amanda算是一个——她是我们小组项目的绝对首脑,海景房的小主人,也像是我的大姐姐。总的来说,身边同学们都很友善,但不是每一个人都能和她一样,任何时候能够耐心地听完我那些横亘着中式英语的长篇大论，并且认真回答我那些千奇百怪的疑问，在学习和生活上都帮忙照应着。

不能说在美国同学关系比较淡漠，这只是人们相处的方式不一样，大家可以一起看球赛、一起去公园烧烤、一起夜行潜入酒吧，但很少会到同学家里玩儿得天昏地暗。Amanda 出生在美国，是意大利德国混血儿，懂法语，精通各种美国欧洲美食，所以她常常把同学们邀约到家里，除了进行比较正经的小组讨论之外，还给我们做各种好吃的"伺候"着，我很感激她。

虽然说美国的饭桌文化比不上在中国那么波澜壮阔，但各种聚会和饭局也常常像赶场一样，一波未平一波又起，吃完这一波，马上赶往下一个目的地：什么班级结课、同学生日、庆祝期末以及冬奥会开幕、NFL 橄榄球决赛等等，都是聚会的理由。所以在我的日程表上，潦草地写满了各种工作学习安排之外，还工工整整地一一罗列着一排"待吃记事"：几号几点在哪儿和哪位大神吃饭————不论在美资本主义还是在我泱泱中国，许多感情也都是吃出来的。

前些天，日本学友裕太即将离开旧金山去往印第安纳波利斯开始一份新工作，我们简单吃了一顿送别晚餐，算是小型散伙饭。我到旧金山的这段日子里也多靠他帮忙，可如今分别在即，却没有过多的伤感。散伙饭上我们的谈话内容也都格外"上档次"，没有什么八卦闲聊或者依依惜别，聊的全是自己的工作和实习动态、现在的产业现状以及将来的职业发展机会。我已经活生生蜕变成了一个"职业人"，哪还有什么"分别的忧伤"什么"青春散场"，那些过于黏稠的情绪,不是不再属于我们这个年纪,而是已经不合符事业发展的基本需求。

回想起自己出国之前参加过的那些散伙饭,关于毕业的、辞职的、出国的、离京回老家的,哪顿吃的不是轰轰烈烈泪眼模糊。但像现在这样,我们这些一起学习一起成长的伙伴们,都是各自安安静静努力,彼此彬彬有礼生活,大家没有特别密切的交集,只是偶尔分享分享信息,然后各谋一条好出路,其实也挺好。

也是在这个星期,我们本科时候的老班长侯仔也迎来了自己的留学生涯毕业季,也算完成了自己人生中的一件大事,但他说自己好像也没那么激动。我想,一是因为离家太远,二是身边少了一群能豁出去真正一起疯的人吧。我们都变得衣冠楚楚谈笑风生,说着事业,说着前途。

我曾经不止一次警告自己:杜绝怀旧,一切向前看。可每到毕业季,看着身边忙着各奔前程的人,总会不由自主地想起曾经某几个定格的画面。也不见得特别美好斑斓,但我却记得清晰而深刻。

本科时候的最后一个夏天,傍晚,闹哄哄的热气伴着不知疲倦的蝉鸣慢慢沉到地下,风吹散树枝,我和那个睡我上铺的奇女子拎个空水壶在校园里无休止地晃荡,斑驳的树影被斜阳拉得很长很长。一位妈妈用老式的自行车载着孩子从我们身边骑过,孩子一手捏着小风车,嘴里跟着妈妈一起哼着歌。

毕业后在北京的那两年也都是传奇。老同学们平时各自忙碌,到了周末就抽空团聚在我们不算宽敞的合租房里,有点儿身手的同学就负责掌勺烧大菜，我们这些没本事的小兵就负责洗菜收拾，呼啦啦摆一大桌，大家吃得乐得都很纯粹。还记得第一次招待同学来我们北京的"家"里大聚餐，连汤都炖上了，才想起来家里的碗筷和杯子不够用，只好现场停火出门买餐具。

两年前的这个时候，我几乎每个周末都游荡在传媒大学一带准备出国考试。我的好朋友也留守在学校为我提供精准的"三陪"服务：陪自习、陪吃饭、陪饭后散步骂社会。那天和日本学友裕太高谈阔论之间吃的是韩国石锅饭，而我想到的，是两年前传媒大学小南门外的堕落一条街，每次下了自习，我的好朋友提前帮我点上的，也是这样一碗热气腾腾、煎鸡蛋还滋滋作响的石锅拌饭。

宽敞的海景房有时候总不够热闹，而吃遍了欧美各种美食也突然怀念起老同学在我们那个狭窄拥挤的厨房里挥着砍刀高举锅铲做出的辣子鸡。现如今已经憋不出什么长篇大论的怀旧感言，脑子里只蹦出了一句话，"苟富贵，勿相忘"。

2014年5月11日
肉足饭饱之后枯坐图书馆的成果

第 14 封信
那些"不正经"的……

和同学提起我准备去参加今年的 Bay to Breakers，同学微笑颔首，只提醒我：一定要有强大的 open mind。如果用中文解释的话，那就是要切实做到解放思想，务必将"开放、包容"的精神落到实处。

Bay to Breakers（B2B）是旧金山最古老的跑步赛事，创始于 1912 年，2014 年是已经第 103 届了。为了保持对比赛的新鲜感和神秘感，我没有特意去搜索赛事的相关信息，但同学特别提醒我，如果从来没有见识过那种场面，就需要多留心，因为不经意一回头就有可能看见 XXX 在你眼皮底下，随时受不了。我不知道同学说的那个单词，还让他给我慢速拼写了一遍，P-E-N-I-S，我拿着手机一查，顿时脸红了……同学说，这个尺度你都接受不了，那确实需要多出去长长见识。于是在我东拼西凑到处打听之后，知道了 Bay to Breakers 的关键词就是：彻底疯狂、酒精，以及裸奔。

为了迎合据说很疯狂的比赛气氛，我开始纠结于自己的着装问题。如果穿得太正常，那在比赛的人群中反而会成为异类。我和另外一位也要参加比赛的同学商讨了一个晚上，最后决定她装猫、我演耗子，上演"猫和老鼠"的戏份。比赛前一天我还特别敬业地专门上YouTube上搜索了一堆视频，临时抱抱佛脚，学习一下如何化妆化成标准老鼠的模样。

比赛当天一大早起床化妆，趁着天擦亮，佝偻着肩膀鬼鬼祟祟出门，生怕我的"硕鼠"形象惊吓到他人。不过换一个角度看，我其实已经提前进入了"老鼠"的状态。谁知一出门，就碰上三个拎着大音响、身上就披一块儿布的小哥，我先是一惊，然后大家彼此相视一笑，再猛烈击掌，原来都是同路中人，于是乎我也敢挺直腰板"做鼠"了。

刚跳上开往比赛起点的公交车，我就发现自己原来是"旧金山精神病院"里最正常的那一个。坐我对面的大叔，惊艳地穿着一身荧光粉色的比基尼，车里面还有各种行走的骷髅、飘逸的夏威夷草裙，以及五六个人组成的"猫王"团伙……而看车外走着的，分别有超人团队、蜘蛛侠团队、婚纱团队、香蕉团队、大鲤鱼团队、斑马团队、企鹅团队、长颈鹿团队、斧头帮团队、马里奥团队、泳装团队、床单团队、睡衣团队、爆炸头团队、小黄人团队，以及男扮女装团队等等……我忍不住想笑，但周围的人都面不改色，就和依旧生活在正常人类社会一样。

当我接近比赛起点的时候，场面更加狂野。大家已经在各个起点区等待出发，水泄不通的马路上，人们展开了飞盘大战——这里所使用的"飞盘"，其实就是一种墨西哥大饼（Tortilla），所以漫天只见各种尺寸的大饼在飞。如果自己有幸被大饼砸中，要赶快捡起来还不留情地甩向别人……马路上偶尔还能看见一些血肉模糊的新鲜肉饼，估计是因为人流量太大，踩死了那些极度懒惰的鸽子。

等大家都跑上赛道之后，才见识到什么是真正的"疯癫"。不仅仅跑者都打扮得五花八门，连路边的围观群众也完美诠释了"业界良心"四个字：有的观众披了白大褂、挂个听诊器假装医护团队，还拦着来往的人去测心跳、量血压；有的观众直接批发了一批安保的衣服，在路口装模作样指指点点，不仔细辨别还真容易被忽悠过去；还有时不时出现在路边的埃及艳后也不知道是男是女，漫天飞舞的那些肥皂泡也分不清是从路边的哪个窗户吹出来的，自带乐队来助威的观众会非常严厉地"威胁"路过的跑者必须踩着他们演奏的节奏跑，但是，突然从天而降的塑料大项链甩在人身上就确实有点危险了……

除了全民"彻底疯狂"之外，这里的第二个关键词应该是"酒精"。据我的道听途说，Bay to Breakers 的一大景观就是广大人民群众拎着酒瓶边跑边喝，但考虑到安全问题，今年比赛组织方严厉禁止酒精出现在赛道当中。我在路上并没看见拎酒瓶的人，但看见了忙碌的警察们拎着一串儿不知道从哪儿没收过来的大大小小的酒瓶，充满成就感地把酒直接倒进下水道里。

除了奇装异服和酒精，"裸"已经成为了 Bay to Breakers 传承多年的一种文化。有的裸体主义者裸地很坦然很彻底，有的还委婉地拿号码布稍微遮挡一下关键部位。除了赛道上奔放的裸跑者，还有许多敬业的裸体主义观众，他们就高贵冷艳地站在街边，悠然自得地点一支烟，蓦然扫视着跑过的人群，不发一言，也毫不排斥上前围观拍照者。如果我不小心目测到了前方有裸奔/裸走的人，虽然不会像之前那样手足无措，但也只敢自觉转移视线加速跑过，完全没有回头多瞅一眼的胆量。一路算下来，我大概遇到了将近20个裸体主义者，其中有两个是女性。路边还有人冲着女孩儿喊：你不穿衣服就出来，我马上告诉你妈去！

短短12K的赛程，我本着"围观为主，跑步为辅"的原则，走走停停磨磨蹭蹭竟然也耗了将近1个半小时。等磨到终点线的时候，我觉得到手的奖牌完全不是对跑步成绩的认可，而是对"思想大解放"的肯定。

叫人无奈的是，最初说好的我演老鼠、同学装猫，但由于活动现场人实在太多，猫和老鼠从比赛起点就开始通电话互报位置，直到跑步结束也没能组队成功。也许猫和老鼠本就不应该混在一起，于是我们只好各自回家。

一年一度的 Bay to Breakers "旧金山精神病院运动会"就这样结束了。明年这个时候，我应该会以"重度患者"的身份重新来过。

2014年5月18日 23:00
Loyola Ter & UC

第 15 封信
人人都是出来卖的

你最近好吗？我还不赖。继上次卖完冰淇淋之后，我的"小商贩事业"又上升了一个新的高度——现在开始卖票了。

这次不是志愿者，而是我们 Business Development & Sales 课（商务拓展及销售）教授布置的作业：电话销售。说白了，就是每个同学拿着一份随机分配的潜在客户名单，在固定的时间段内挨个打电话，帮学校运动队推销新赛季的球票，从中培养销售技巧，顺便锻炼一下屡败屡战的心理品质。

对我而言，电话卖票真是一个身心都备受折磨的艰巨任务，一是因为"卖票"本身的工作性质：我觉得自己就不是一个出口成章且心理素质过硬的干"销售"的料；二是因为语言：销售玩儿的就是表达和应变，我担心的根本不是自己能不能把票卖出去，而是自己那些字正腔圆的中国式英语——潜在客户能不能隔着电话领会重点？

卖票的第一个傍晚真可谓是"度秒如年"。我们的卖票小组各自分配好任务，我就坐在指定的"售票区"，其实就是球馆的走道里，对照着长长的名单，拿着提前准备好的应对各种场景的台词，提心吊胆地在手机上摁下一串串数字，还时不时地需要谷歌一下那些客户的名字应该怎么发音。

整个晚上，我打了几十个电话，最后只有两个人接通，但他们都对我兴致勃勃说着的"球赛""特价"不感兴趣，而其他的几十个电话全都转成了语音留言——虽然电话没有接通，我反而更加庆幸，然后把准备好的台词对着语言信箱重复了几十遍：您好……我是……打扰您了……我们有特价球票……如果感兴趣欢迎给我回电……我觉得那时候的自己就像是一个强颜欢笑的僵尸，为的就是让潜在客户在听见声音的同时就要感受到我们这些销售代表亲切可人的笑脸。

第一个卖票的晚上，有的同学遇上了贵人，一个电话就卖出去五张；有的同学冒昧地打乱了别人平静的生活，那些"潜在客户们"有的已经举家搬到了加拿大，有的正在意大利旅游，有的住在美国东海岸，一个西海岸的电话直接把他们从梦中惊起；但最让人措手不及的，是一个同学在电话这头兴高采烈地说想和 XXX 聊一聊，对方哀怨地回复道"他前几天刚刚去世了，请把他的名字从你们的名单上拿掉"……而像我这样，整个晚上没打通几个电话、一张票都没卖出去的同学也不在少数。有的同学有些失落，而我只觉得如释重负。

经过了第一天的折磨，第二轮的卖票却变得得心应手了许多。我虽然抱着一种破罐子破摔无所畏惧的态度，但再次拿起电话来竟然莫名其妙地颇有底气。同时我们也改变了销售策略，采用邮件和电话同时进攻。一个晚上我们小组收获颇丰，而我竟然还出手了六张季票，成功为学校增收 300 美金。我顿时觉得自己也是个难得的多语种卖票人才，看来今后的就业之路又变得愈加宽广了。

最近常常看到一些"如果我22岁，我会……"（If I were 22, I would…）的文章，都是一些老前辈给年轻人的忠告，其中有一条 Rich Campbell 的建议我记得格外深刻：Leave your geographic com-fort zone. 人在年轻的时候，不要安逸于已经足够舒适的生活圈，要去不同的地方，试着做一些不同的东西，甚至忍着做一些不喜欢的事，Challenging your self - Creat geographic boundaries every day. 翻译成中文，就是那句称霸 QQ 空间的鸡血标题："不要在最能吃苦的年纪选择安逸"。

前几天有幸听一位跨国公司的总裁讲述自己的经历。他每年都要飞往30多个国家，他的生活似乎就是在坐飞机以及组织公司的当地员工开会。员工们因为来自不同的国家总有隔阂，而每个会议上也最少会出现3种语言。这位见多识广的老先生几乎每天也都会经历着因为世界各地的文化差异而带来挑战，而他从前任领导那里学来的一句话一直让他受用至今：As long as you talk about challenges, actually there are no challenges at all, only opportunities.（没有什么所谓的"挑战"，你拥有的只有机遇。）

2014年6月7日
写于 UC 的大壁炉旁

第 16 封信
新女神

隔了好多年,突然想按照小学语文老师的要求,写一篇命题作文《我的同学》,今天的主角就是我的同学、我的朋友、我的教练、我的姐妹、我的女神——Jana Soethout。

Jana 出生在德国科隆,她的"官方身份"是我在旧金山的同班同学。之前说到她,依稀只有两个模糊场景:一是我们老喜欢在一块儿做饭吃,但她家里没有那种中国式的大砍刀,所以我每次去找她做饭之前,都需要在背包里插上两把大菜刀才能正式出门;二是她是专业的长跑运动员,也是我的跑步小教练,一个典型的执着到接近顽固的德国女青年。

这两天 Jana 已经成了十足的小明星。在两周前的 NCAA(全美大学生体育联盟)All American 10K 联赛上,她用 33 分 02 秒的成绩完成 10K,是唯一一个闯入 All American 八强的非美国国籍选手,她打破了她自己创下的校记录,也在德国的 10K 选手排名中上升到第三位。

虽然 Jana 是我的跑步小教练,但我从来没和她一块儿跑过步,就是因为她跑得实在太快,我没有那个胆量去自取其辱。如果我们有时间一起外出训练,采取的都是她自己在前面猛跑、我在后面骑车狂追的模式,那个场面其实有点像警察抓贼。但有一次,因为她蹬得实在太快儿,我一不留神骑车都没能赶上她。茫茫人海，我们就这样在训练刚刚开始的时候就走散了……

对于我这个水平的三流运动员，就适合轻度地练练基础。但第一次我追随她进行核心训练的时候，她竟然从包里掏出来一张为我量身打造的训练计划：今天练习什么、本周需要完成什么，直接把我吓在了原地。

作为运动员，Jana 能取得今天这样的成绩，我们都为她骄傲；但对于我这个有点儿"不太成器"的学生，她却常常倍感自责。今年年初我在奥兰多完成了自己人生当中的第一个半程马拉松，我一跑完就激动得立即给她发消息：教练！我跑完啦！用了将近 2 个小时 40 分钟，毕竟是第一次跑，成绩还行吧？她立即回复我：祝贺你！但是真没有想到你竟然跑得那么慢……之后她详细了解了我整个赛段上的感受和身体反应，最后还是自责地表示，毕竟跑下来了，但因为她对我的监督不够，我老偷懒，没能按照原本的训练计划一一落实，才导致我如今"跑得这么慢"。

Jana 的第一爱好就是跑步，第二就属做饭了。有一次她豪爽地邀请了 20 多个人到家里吃饭，约我跟她去买菜。与其说是买菜，事实上是扛货，具体的过程已经没有办法描述，结果就是，我俩拖了一个旅行箱、拎了两个旅行包以及大大小小若干购物袋到超市"进货"，最后还为了省钱不打车，只能步履迟缓地"扛着货"回家。所以说，任何热心肠，都必须建立在力气大的基础上。

Jana 除了爱做饭，烤蛋糕烘焙饼子什么的都不在话下。我去年过生日的时候，她花了一天时间一口气给我烤了 5 个风格各异的蛋糕，过后还严肃地要求我对每个蛋糕的优劣做出点评。她对烘焙的态度，一是享受，二是必须精益求精。每次烤饼子，Jana必须精准地对照着食谱一步步进行，哪怕是半勺糖、3克盐、多少肉桂粉，她都要秉持着德国人过于一丝不苟的精神，一一核实确认，不能有一点儿差错；如果略有偏差，她都会自责地认为：这个也勉强能吃，但已经不再是我们最开始期盼的那一个蛋糕了。她对烘焙时间要求都严格到几乎要掐秒表的地步，凡是我认为"差不多就行了"，她都觉得这是一种不负责任的态度。有一次她赶时间去参加集训，可是烤箱里的小蛋糕还需要多7分钟才行，她愣是把我召唤去她家给她看炉子，临走前还一直提醒我紧盯时钟。

关于做饭这件事上，我们之间确实有不可逾越的鸿沟。今年春节的一个小聚餐上，来自中国的猴子同学做了一个干煸豆角，彻底把她征服了，也改变了她对中国食物老是油煎油炸不太健康的偏见。饭后她要求我们交出食谱，详细说明需要多少豆子、几克盐、几瓣大蒜、几勺酱油、几勺料酒、每个过程各需要多少分钟，我们口中的"少许""若干""随便来点儿""眼瞅着豆子变色""差不多就行"这一类模棱两可的炒菜逻辑，她始终无法接受，至今还在胁迫我列出一份严格的配料清单，但同时也在警告我，还是要少吃炸的、煎的食物，必须加大训练力度！

来美国念书快一年了，在这里遇到了许多有意思的人，能一块儿玩、一块儿喝、一块儿疯的同伴还真不少，但能经常一起吃、一起睡、一起学习、一起烤饼子、一起混健身房、一起逛大街的朋友还真就那么几个。这一年里，最美好的事情都和她完成了：一起研究新的食谱，开发各种新的甜点；一块儿骑自行车到新的小镇，换一个角度看大海，傍晚再坐着轮船返回旧金山；周末到公园的草坪上睡觉、读书、看水塘里的鸭子打架；约好出门骑车锻炼，却不小心骑到一个购物中心，然后就一发不可收拾了……

前几天我有些伤感的说，还有一年我们就要毕业各奔东西了，之后都不知道什么时候再相会。她格外理智地说，先别想以后的事儿，我们未来一年的目标是把旧金山周边玩个遍！下个学期开始，一定要加大坐铛铛车（Cable Car，旧金山的一大特色）的力度，平常坐一次要 6 块，但拿着我们的学生公交卡可以免费坐，所以要争取每周都坐一次，这样才能降低成本！才最划算！才对得起我们在这儿的大好时光！

2014 年 6 月 23 日
写于我的 LV 豪宅

第 17 封信
最好的一年

还记得去年今日,好朋友在雾霾封锁下的北京 T3 航站楼欢送我,还特意点了一桌中国风情浓厚的真功夫快餐。一眨眼,我来美国已经一年了。

原本以为,经过了一年的历练,我会在这个特别的周年纪念日里写出一篇闪烁着美帝自由主义光辉的洗脑长文,结果,是我自己想多了。努力回想自己这一年见识了什么,竟然需要翻着之前照片才能一点点按时间顺序回想起来自己都干了些什么,不过惊讶于自己这一年还是干了些好事儿:陪小孩子们练过跨栏,虽然我的水平只能垫底;和 NBA 金州勇士队的球员一起当义工,给公园的楼梯刷油漆;参加了日本樱花节游行,在大街上扭动着不协调的肢体跳了一路的舞;念了一些书,跑了一些步,骑了一些车,看了一些摸不着头脑的橄榄球棒球比赛,也在沙滩上听着海浪睡过觉。当然,还有很多自己藏着很少和别人提起的,比如当年我也是去 NBA 面试过的人,虽然人家最后没要我。

一起工作过的 Ramon 问我,在旧金山这一年来,最让你感到惊讶的东西是什么?一个简单的问题,我却想了很久。我想,刚来美国时,最先惊叹的是自然环境之好,森林就在城市中;其次是人民之友善素质之高,路上陌生人见面都会点头微笑；再次是物价水平，如果按美国的工资标准衡量的话，真是恨不得每天甩钱血拼；最后就是美国人民思想之开放，你的行为再诡异再非人类，只要不违法，也很少有人投来惊异的目光……想到最后，发现这些都是最表层的东西罢了。我可能惊讶了一个月，然后就习惯了、麻木了。但是，这一年以来，最让我惊讶的是什么？想来想去，最后的结论是：人性中所蕴藏的巨大的能量。

我们学校的口号是"改变世界从这里开始"（Change the World from Here），最开始看这句话，觉得这分明是大跃进时期的洗脑格言，亢奋且不自量力，只不过我早已习惯了这种教条而鸡血的摇旗呐喊。然而，一年之后，我开始信仰这句话，因为我开始真正信仰"人的力量"。

一年里遇见了各种各样的人，有和乳腺癌抗争的年轻教授，有踌躇满志的 IT 创业青年，有穿越了撒哈拉沙漠筹集善款的跑者，有奔赴中国贫困山区支教的美国青年，也有事业如日中天全世界奔忙的企业高管……我开始相信每个人都有能力也都有责任让我们生活着的世界变得更好，这也是超人随时都准备拯救人类的一个现实版本吧，时刻把美国精神贯彻落实到实处。周围的环境就鼓励你思考、鼓励你创造，鼓励你去改变，这里彻头彻尾就是一个一切皆有可能的世界。

说起未来的出路，仍然没有答案。之前在北京，我们纠结的总是留北京还是回家？现在在美国，最常听到的问题也是"还想回国吗？"我自以为深谋远虑，针对中美当下形势、未来产业格局已经政治经济改革前景进行了深入的思考，一一列举出自己在美国或者在中国就业可能面临的各种挑战，而我们最擅长洗脑的教授针对我这种高瞻远瞩的问题，只是轻描淡写地说：你现在重点关注的，应该是抓紧时间提升自我（Add value to yourself），而不是纠结于周围那些你难以改变的环境。自我价值得到提升之后，能力和机遇总能找到互相匹配的交点，那时候才是真正考虑"出路"的时候。

前几天读了一篇《如果我在30岁时一无所成》，又读得人心惶惶。扭头看看自己的校友、同事和身边的同龄人，有的已经成为了电影圈的大明星，有的已经成为了央视的新生代名记，有的已经是冉冉升起创业之星……反观自己，明早又要5点起床给一个青少年棒球训练营当志愿者，真是有些执着的寂寞。

我们用特定的数字把自己限定得太苛刻，可生活本来就是一条或紧或慢的长线，虽说"出名要趁早"，但不要用数字给自己打一个结。虽然我不确定自己将来能做什么，但是知道自己一定能做些什么，也还凑合吧？

上周结束了在Santa Cruz沙滩足球赛的工作，返回旧金山的路上美妙一号的公路一直顺着海岸延伸，穿梭进树林和农田，深蓝的海水推着白色的大浪一遍遍冲向沙滩，浪尖那些稀疏的黑点是游泳的人们，天空里掠过七彩的滑翔伞。车里的音乐电台放的是Journey在1981年就唱出来的那首Don't Stop Belivin'："Just a small town girl, livin' in a lonely world…"

我13岁之前没有看过大海，而那天刺眼的夕阳洒满整片海洋，远方孤傲的灯塔不知在给谁指明航向。一切都像是捉摸不定的梦境，又像是刚刚萌芽就坚定无比的信念，紧紧握在手心。

        2014年7月2日00:40
          写于床边

第 18 封信
斗胆说说跑步这件事儿

周末的时候完成了人生当中的第二个半程马拉松，我顿时觉得这已经到了出来吹牛的关键时刻。

我老爱跟朋友讲一个段子：我小学时候的体育成绩基本在及格线上徘徊，跑 50 米没爆发，跑 800 米没耐力，偶尔得个 65 分已经是万幸。直到临近毕业时，我的体育成绩突飞猛进变成了 95 分。这不是因为我刻苦训练激发出了什么体育天赋，而是我们那位"细心的"体育老师发现我们家好像和校长相识，于是我的成绩自然就变好了。

时间跳回 7 年前。那是 2007 年秋天的北京，大学刚刚开始，我和中国好室友猴子同学初生牛不怕虎，从生活费中挪出巨资 50 元，找倒卖名额的黄牛果断报了一个北京马拉松的 10 公里跑。在此之前，我们谁都没跑过那么远，10 公里等于 10000 米啊，听着都心颤！其实那一次我们怎么把这 10000 米耗完的已经不太有印象了，只记得跑步时我包里装了巧克力和从老家带来的红参，谨防一口气上不来可以救命。我们人生第一次凭着狠劲儿迷迷糊糊跑了 10 公里，宿舍的其他妹子们接客一般在终点笑脸相迎。刚跑完时我们那个高兴，但只会重复念叨一句话："跑完了，还活着。"自打首个 10K 之后，我"静养"了 5 年，直到 2012 年的春天，我临阵磨枪，在柳絮飞扬的北京长跑节上又来了一个 10K。从那时候起，鄙人自我感觉已经登峰造极人生圆满，欣然钦佩自己竟然跑过两个这样高水平 10K，但从来也没去想自己有朝一日会去尝试比 10K 更远的距离。不是不敢，就是没想。

到了旧金山，一切都变了。这里的大好河山诱惑我必须每周抽空到外面疯一圈，不然都觉得辜负了处处可见的美景：公园里，马路上，小森林，大海边，哪里都可以成为我们的跑道。跑步对我而言，就是"看风景"和"好玩儿"，完全没有达到许多高人的"释放自我""挑战极限""流汗更美丽""改变人生"的境界。当然，如果爱玩儿，那就努力玩儿好，然后一不小心，就越玩儿越远了。

今年一月第一次在奥兰多迪士尼乐园的参加半程马拉松，虽然赛道平缓，但跑前确实有些心虚。半马全长 21.3 公里，其实我基本在 10 公里处已经"有点儿不行了"，体力上没有问题，但是腿部肌肉似乎已经不能支撑身体往前移动了，两条腿到后程都是靠着惯性在机械交替。尤其是最后 5 公里，我甚至不知道自己是怎样飘到的终点，冲线后又回到当初那句话"跑完了，还活着"。最令人感动的是，我们参加迪士尼半马和全马的跑者"三贱客"（猴子+侯仔+我）在完成比赛的当天就忍受着肉体的疼痛依然坚毅地在迪士尼乐园里高强度玩耍，在游乐园里遇见走路放不稳脚掌、下楼梯都得各种调整身体方向的游客，我们默默相视一笑，知道都是同道中人。我们玩儿高兴了，接下来半瘫了一个星期，又能直立行走了。

到了上周末的第二次半马，我的心里就有了底，知道自己多大能耐。起跑之后我一路步履轻盈，不快但是很稳，直到跑到13公里时，左膝盖就像是突然有人拿着锤子使劲儿往里钉钉子，阵阵酸疼导致没法发力，就这样跑着跑着突然就瘸了。那时候我们已经跑上金门大桥，大海风呼呼地吹，肚子也饿得阵阵翻滚。吃早点补充的能量已经耗了许多，下一个补给站还在前方……那时候的我已经根本无心看风景，只觉得自己就像是在饥寒交迫中那个"身残志坚"的战士：再慢也不能停。其实都知道，疼不过是暂时的，跛着脚也得跑，大不了走两步，反正自己心里有数，这膝盖也废不了，快点慢点都没关系，只是因为终点没有到——更何况——还交了那么多的报名费。

比起第一次半马，第二次完赛后果然经轻松很多。后程虽然跛着脚，但大脑清醒可以掌控双腿。唯一的失误，是完赛第一天晚上睡觉时忘了左腿膝盖的异常，然后猛一甩腿……我想我应该不是疼醒的，而是被自己惨烈地叫声吓醒的。立起身来，左膝盖竟然疼得没法弯折且左腿甚至无法轻轻点地，我的脑海中已经浮现出拐杖和轮椅的身影，根本没睡几分钟，怎么已然物是人非……我镇定了一下，毅然凭借着右腿强大的肌肉群先单腿起跳蹦去了卫生间，然后从冰箱里翻出了我的自制牛奶冰棍开始做冰敷。后来发现冰棍太小，只有果断牺牲了我的两盒冰块，打包成冰袋再用保鲜膜和透明胶布层层固定在膝盖上。直到第二天早上，这个限量版"个性定制"的冰袋被焐成了一个暖烘烘的热水袋，我的左腿也终于可以落地了。

白天外出坐公交车时，体贴的司机敏锐地发现我有些"半残"，所以上车时还把专为行动不便的老年人准备的升降台都给我放了下来，上车后我立马看到有人正犹豫是否给我让座，我依然坚定地蹦跶到车的后门，笔直站立，以正视听。

今天已是完赛的第三天，虽然还不能正常蹦蹦跳跳，但已经又恢复一条行动自如的好汉。再疼，只要看奖牌一眼，还是会自己乐。

当然，我作为一名逐渐上道的跑者，除了本身的能力和运气之外，还需要一支强大的教练、后勤、经纪团队作为保障，平时陪练的、指导装备选择的、营养规划的、赛前教贴绷带的、睡前负责热奶的、赛道上陪跑的以及到现场加油或者远程支持的好人们，也不必一一谢过了，以后还得继续跑，也都得指望他们照应。

说回跑步，正如好室友猴子同学说的，这要放平时，我们拿鞭子抽着也跑不了那么远，而且我也从来没想过自己能跑多远。但是一旦真正上道了，只要忍着，就能跑完。"我似乎还从中明白了一些生活的道理"，她若有所思地说。这不是一个什么跑步的鸡血励志故事，但这是有关生活的真相。

最有趣的是，今年年初第一次准备挑战半马时，我把消息透露给朋友，在国内的朋友反应大多是谨慎地"你要小心，保命为主"，虽然我之前已经跑过两个 10K；而在美国的同学回应都是"这都不是事儿""绝对没问题""你一定做得到"，虽然他们中的许多人根本不知道我之前只完成过两个 10K。

不得不提，跑步需谨慎，因为会上瘾。我从最开始觉得跑步枯燥无聊，到现在想通过双脚去看更多的风景，已经进入省吃俭用去跑步的境界。大学的老班长俣仔属于我们身边跑步界的巅峰人物，基本每月一次的马拉松已经让他"根本停不下来"，而在我的日历上，逐渐密集的赛事安排也已经扑面而来。如今，我们"跑遍大美帝"委员会已经正式成立，这帮人就想通过跑步，好好看自己、看世界。

这里没有什么大道理，只是你能跑到的地方，一定比你预想的远很多。关键是，你一旦确定了目标，就需要不断付出，但这一定是有关收获的等价交换。回报不必计较早晚，时机到了自然会来。此处盗用中国铁人三项标杆性人物党琦的一句话：有梦想就去实现她，千万别客气！

2014 年 7 月 31 日
人生新理想：吃饱喝足，行动自如

第 19 封信
和小正太们混在一起的日子

迷恋日剧的同学一定都知道，泷泽秀明和松岛菜菜子主演的《魔女的条件》绝对是不可错过的一大经典。故事讲的是女教师与男学生之间不被世人接受、经受各种磨难的缠绵爱恋——提起它是因为，当我得知自己能到一所"天主教""男子""私立高中"工作的那一瞬间，嘴角邪恶地轻挑了一下，脑海中猥琐地飘过了这部日剧的名字……

其实，我作为一个正统且保守的中国女性，上面这些都是玩笑话。但是，在正式入职之前办理的一系列手续确实令人生畏：除了正常提交能在美国合法工作的证明材料之外，就职于高中这个"特殊"的行业必须先采指纹进行背景调查，确认身份清白之后再参加三个多小时的成人课程培训和测试，除了要学会如何正确地保护孩子们免受伤害之外，更重要的是警醒即将入职的新员工，"千万不要猥亵学生"！我一开始都把这当做带着敏感词的笑话四处传播，后来想想，这算是对未成年学生最起码的负责和保护吧。

我作为学校里默默无闻的兼职临时工，本质上大概就是一个打杂的，自我定义为一枚混迹在底层的小螺丝。刚刚开始工作时，有同事和家长知道我是新来的，竟然专门来找我握手欢迎，让我着实受宠若惊。学校不大，每天的工作都要接触很多孩子和家长，聊天，干活，偶尔也处理一些家长的建议意见，工作性质单纯，按照旧金山的最低工资标准拿零碎的报酬。工作中最有成就感的画面就是有的环节需要通过我签名审核，虽然只是纯粹走流程而已，但当我在纸上龙飞凤舞地签名时，竟飘飘然地体会到了一些领导们意气风发地挥笔写下"已批准！"的权威感，极好。

因为托同学的福，才能来到这所传说中旧金山富二代云集的私立高中工作。不过来这里工作的出发点，只是想多看看人家的高中生活是什么样子，在这里遇到各种各样的家庭，有的家长只会讲西班牙语，和我们交流时还得请孩子帮着翻译；有的亚裔孩子应该是白人父母从小收养的宝贝，一张戴着稚气的脸，却是不一样的精气神；有的家庭能看出来并不是"富豪"，给学校交各种费用时，简朴的母亲一遍遍仔细拿捏着钱包里的余额，但不论如何，也得让孩子接受最好的教育……而这些青春正浓的骚年们，上课时穿整洁的制服、配着统一的领带、卡其裤和黑皮鞋，课余时间就玩儿话剧、玩乐队、玩儿体育，各有所长，各有所爱，每个月还集体还做弥撒，我想和宗教相关的学校都需要定时净化心灵吧。有时候孩子们放学没事儿干就组队出来找我们唠嗑，讲游戏、讲比赛、讲偶像，虽然我也会听不太明白他们讨论的是什么，只觉得人家高中生的生活，简单、好玩儿、有奔头。

现在的生活就是这样，和孩子家长聊聊天，干干活，同时也帮着学校解决点儿问题。比起在高大上的跨国企业干活，在高中的工作似乎不会产生那些飘渺的成就感，虽然自己只是个小小临时工，但有些活儿缺了你还真不行，甚至觉得我这临时工的重要性都是闪着金光。

　　想到此前一位小学姐分享自己的经历：她说周围的同学大部分都在体育联盟、大体育公司工作，每天接触的都是"大人物"，说的也都是资本市场的行话，比起他们自己好像"不太成器"，因为她一直在一个普通的学校里工作，每天就是和吵吵闹闹的孩子们混在一起，但她自己很惬意这样的生活。她说，一般人在大公司里只能做一个小小的螺丝钉，有你也好、没你也罢，所以我更享受在小集体中凸显自己的价值，虽然别人看起来没有那么光彩夺目，但只要自己觉得开心，就好了。我立刻反思了一下自己的思想历程：当初来美国，一心觉得凭我这能耐，必须杀进NBA混大场面，但现在直接混成了陪孩子们玩儿高中篮球赛了……可是再想一想，自己最初想进NBA的出发点，除了大平台、涨姿势之外，不一定是出于"真爱"，更多可能只是"有面子"罢了，"我在NBA工作"这话说出口来，气势足够甩出几条街的。但是自己真的会过得开心吗？我不知道。之前一位在NBA实习的同学曾热情帮我倒腾关系，但她却告诉我：太累，和想象中的不一样。我现在想了想，不论混大场面、混小场面，活到现在，还要什么浮夸呢？只有自己把自己逗乐了，才最重要。踏实做大大小小的事情，只要不让盲目的虚荣掩盖真实的意念，即可。

2014年8月16日00:30AM
啊啊啊明天又要五点起床去干活速速睡觉

第 20 封信
如果年龄只是一场幻觉

　　周末去参加同学的生日聚会，仍然是趁着夜色出门，吃饱喝撑飘着回家。想起刚到美国时第一次参加同学的生日派对，去之前最大的疑问是：Party 管饭吗？我和德国同学 Jana 结合派对的时间和文化背景进行了透彻的分析之后发现，90%不管饭，我俩只好在途中买了份外卖沙拉，在公交车站躲着风吃完，然后半饱着赶往聚会现场。第一次参加生日聚会，可以用八个字概括：衣着朴素，手足无措。派对现场各色男女比肩接踵，我穿个牛仔裤伫立在人堆当中，陪笑也不是、光喝也不行……当然，一年来经过各种大趴的磨练之后，我现在已经比较得心应手，浓妆艳抹，踩着大高跟，甩着金项链出门，聚会上见谁都要和见了老友一样，"自来熟"这回事儿都是被逼出来的素养。

　　这次生日聚会的主角是我在之前的信里提起过的那位大姑娘、我的影子 Amanda。说她是我的影子，因为我和她经常主动或被动地分在同一个学习小组，也常常不约而同地参加了同样的志愿者活动，一不小心发现从包里掏出来的唇膏都是一模一样的，平时她总是挺热心地帮着我，弄点儿好吃的给我们（当然我也用亲手做的茶叶蛋征服了她），出门去哪儿开车送我一程，所以我就挺自觉地尾随她，其实我俩互为影子。Amanda今年30岁了,这个年龄,在哪儿都比较"敏感",像是跨过了人生当中的一座小山峰。她还看着手掌玩笑说:我的生命线很短(美国也看手相?),没想到竟然能幸存到今天。

聚会的房间里有一块儿醒目的"大纪事年表",记录了Amanda从出生、上学、工作、生活、旅行,每个重要的年份遇见了哪些人。Amanda的家人和朋友们还做了精美的幻灯片,投影在墙上回顾她30年生命当中的精彩瞬间。我和她就认识了一年,用这样的方式看着她此前29年我未曾参与的生活,这像是一出跳跃的电影,一个宏大的故事,用简单的笔墨就勾勒出了一个栩栩如生的人,自由而精彩,竟也看得我泪眼婆娑。幻灯的结尾是对她30年的一个小总结:一个好女儿,一个好伙伴,最重要的是,以及一个最好的自己。(Thank you for being a good daughter. Thank you for being a good partner. Thank you for being yourself.) 令我个人十分欣慰的是,在一个30岁"大龄单身女青年"的生日聚会上,没人"逼婚",女主角和朋友们聊得最多的,还是球赛、跳伞、航海,以及更远的旅行。

算一算,再过几年,我也要30了。记得20岁生日那会儿,我还挺紧张,觉得自己瞬间衰老了,可真要到了30,好像也就无所谓了。我常想,在我"这把年纪",要在老家,早应该结婚生孩子了,现在自己一个人躲在国外逍遥,家人鞭长莫及,每想到此处,我更是要喜极而泣了。我也曾和我们的教授探讨过个人年龄和生活取舍的问题,他总是一语道破:为什么要用一个特定的年龄给自己下个圈套呢?读书、留学、工作、组建家庭等等，都是生活中的一个部分、一个阶段，他们之间不是相互排斥的，只不过是一步步完成，你就遵从命运安排吧。听完这话，我顿时血脉喷张。

最近还参加了一场特别的分享会，演讲者是39岁的水坝工程师Mike，分享的故事无关工作，是他去年夏天独自从旧金山骑行到波士顿的经历，一个自行车，四包行李，历时70多天，横跨了整个美国。他说自己一路上最开心的经历，就是遇到了各种逗人的小动物，他目前最大的愿望，是明年带着女朋友再横跨一次大美帝。最近"无龄感"这词儿很流行，我想说的就是这些青春永远跳动的小火苗们，对他们而言，年龄就是一场幻觉而已。

我和Amanda说，一定要把那块儿"纪事年表"藏好，等到10年、20年、30年……之后我们再回看，故事又是怎样发展呢？

2014年8月27日
写完就要上课去

第 21 封信
人生得意须发朋友圈,但今天就把伤疤掀给你看

不知道我在你的眼中是什么样子?原本以为在我只是简单地记录分享自己的留学生活,大家看看玩儿罢了,没料想收到许多回复,表达的多是心理上的落差,就像我是一个"成功的留学人士代表",与此同时还背上了要给他人指点迷津的责任。"为什么你的生活总是很精彩,而我自己总是那么失败"……看了一些从世界各个角落传来的留言,今天慎重地写下这些,算是一封统一的回信。

正所谓"人生得意须发朋友圈",我们喜欢把想让别人看到的东西果断分享出来,还有人专门靠收集点赞找回一些可怜的存在感,这不过是营造一个让别人看起来很美好的形象罢了。但是,今天,我决定把自己的那些伤疤掀给你看。

科比有一句流传甚广的名言:你见过凌晨四点的洛杉矶吗?我自觉衍生出了另一个句子:你见过凌晨四点的旧金山吗?去年参与组织一个体育赛事活动,早上三点起床抹黑出门准备,走在带着湿气的马路,高度警惕地打量着四周忽明忽暗的灯光,路边偶尔窜出的黑影可以把我吓得蹦起来,但是还必须强装镇定。从下了公交车到赛事举办场地的那条路我不知道绕了多长时间,只觉得时间安静地一路都能听见远处大海上传来轮船闷闷的汽笛。

活动结束，你可能看到我得意地晒出支票，说一天挣的钱换成人民币就是以前在国内一个星期的工资，但是，我不会主动和你说（当然那时候又怎么敢让家人知道），连续两天高强度的工作下来，我傍晚回到家直接累趴在床上哭着哭着直接睡得不省人事。那真是平生第一次，活生生累哭的。高兴是真的，让你看见；累也是真的，自己藏着。

我晒照片，风轻云淡地说我和前世界冠军练跆拳道，一脚踢碎了大木板。但是你没有看见，我们在平时训练对抗时，我因为水平较次防守不当，左手手指被一位黑带选手踢得一个月不能正常弯折，所以我见谁都竖着根指头，似乎表达了对这个社会的不屑。我的右手腕上还横着一道不深不浅的疤，乍一看还以为我割腕自杀，这个新伤也是在训练时，被队友踢碎的木板迅速划破的口子。当然，我只会和你说，我今天成功地踢破大木板，但我绝不会主动把训练里那些新伤老伤掀给你看。

你看见我生活丰富多彩混各种 Party，但你不知道，最近的这次，我下午 6 点半工作结束，匆忙洗澡赶往 7 点半的一个会场，晚会议结束之后，出于礼节需求回家潦草化个妆就立即奔赴"夜店"前线（其实就是参加一位同学的欢送会），凌晨 1 点回家已经晕得倒头就睡，早上 5 点闹钟还没响已经直接惊醒，不是怕上班迟到，而是怕耽误了工作没法儿挣钱。如果我主动和你说，可能是我今天参加了同学欢送会、认识新朋友、痛饮龙舌兰，但我不会主动把路上那些赶公交、蹬单车、穿个高跟鞋在马路上飞奔或者灰头土脸辗转在"工地"那些慌乱甚至不堪的故事讲给你听。在"夜店"

里不知道我包里的书怎么露了出来，大家还笑着说从来没见过泡吧还带书的，我实话实说，因为在公交车上还可以抓紧看一看。

我们常半开玩笑半正经地说：Your digital life is totally different from your personal life（网络上的你现实中的你真是判若两人啊亲）。可"朋友圈"的法则，一是报喜不报忧，二是我只让你看见我想让你看见的生活。

所以，不要因为别人展示出来的东西，而影响自己的情绪和生活，更不能因为他人断断续续晒出来的成就，一就认定别人的成功轻而易举，二反观自己觉得一无所成。那是因为，你只看见鸭子悠然自得地浮在湖面，但没有看见它一直在奋力地划水。

2014年9月1日 2:00 AM
美国劳工节 The Labor Day

第 22 封信
來吧，造作吧，反正有，大把時光

　　最近日子過得瑣碎，需要翻翻之前寫的東西，才知道故事講到哪兒了。

　　前幾天認識了一位在台灣和大陸留學三年的美國小哥，他在自我介紹時用繁體字寫下自己的中文名，叫"寧途"，寓意是生命是一段安寧的旅途。我很好奇，很多外國人學習中文，都覺得書寫太難，有的甚至只學"聽說讀"而直接放棄"寫"，沒想到他竟然會寫繁體字，想必是在台灣留過學的原因。問起他，他竟然憂心忡忡，說現在越來越少的人用繁體字，但他所感受到的中文之美全部體現在繁體字中，比如相"愛"要有心、見面才能"親"。他擔心有朝一日新一代的中國年輕人都不會再寫繁體字了，所以自己要堅持使用繁體字，至少起到一定的"模範帶頭作用"。聽完我真想給他當頭一棒：我們現在成天電腦手機打字打得簡體字都不會寫了，更何況繁體字？

　　思前想後，我又覺得這像是個什麼預言，我們總是在不以為然地丟棄某些寶貴的東西，結果被別人值金當寶地撿起來。等我們想要時，沒有了，是別人的了，然後我們又憤怒了，說你不過就是個賊……這事兒說大不大，點到為止，所以決定今天就用繁體字寫下（敲出）這封信。

这个星期北京的老朋友到舊金山玩耍，我就暫時告別學術圈，開啟了短暫的"三陪"之旅。我們即使網絡上經常聯繫，但這樣真實的相聚卻是那麼的親切而不輕易。看遍了旧金山市区的車水馬龍燈火輝煌之後，我們又自駕到離舊金山三個多小時車程的優勝美地國家公園里過了兩天"原始人"的生活：雖有有好吃好喝好風景，但就是沒有手機信號和無線網絡。美國的許多自然保護區都不設信號塔，因為怕輻射干擾到動物們的最原始的正常生活。就連路邊的限速標誌都特別說明超速駕駛除了自己不安全之外，也更容易把過路的熊給撞傷甚至撞死。我們住的小賓館旁邊還有一條神秘的小路，提醒"有熊出沒"。我從公園發的那些資料里認真學習了如果遇到黑熊如何應急，但遺憾的是沒能派上用場。

旅行結束我們重新回到塵世，憋了兩天的手機信號和網絡如山洪爆發，以超過手機承載能力的速度蹦跶出來無數隔夜的有用沒用的消息："吃飯了嗎？""今天幹去嘛了？""我發給你的郵件看到了嗎？""你的卡號為 XXXX 的信用卡消費明細查詢……""週六的會議去嗎？""你上次跟我說的那家店的地址在哪兒，再給我發一遍吧，謝謝。""下午的跆拳道課你到底去不去？""怎麼打電話從來找不到你？？！！""把作業的第二道題的答案發給我看看""你借閱的圖書因為過期未還，需要補交罰款……"我再次覺得，遠離手機遠離網絡遠離一切可以找到我的通訊工具，躲在森林裡看小鹿吃草才是理想的生活。

重新返回塵世，除了心理上存在落差，肉體上的折磨也加重了。前一周"身殘志堅"完成了第三個半馬，到 5 公里處就舊傷復發，我瘸著跑完，自鳴得意，但賽後我就過上了只要沒事兒在屋裡呆著就要冰鎮膝蓋的生活。我痛感于自己日理萬機，完賽後還沒有充足的恢復休息時間，出於工作需要得挺著腿踩高跟出去"接客"，緊接著和好友出去登山野營又對膝蓋的使用量過大，導致完賽兩周之後我的膝蓋仍感異常。我用這種堅持不懈、努力而隱忍的精神再一次感動了自己，直到我的跑步小教練帶著訓斥的口氣對我進行了嚴肅地批判：不知好歹地逞強和真正的實力之間有著不可逾越的鴻溝。"你這根本不叫堅持、不叫有毅力，只叫做不會科學訓練，而且還不把自己的身體當回事兒，說白了就是……（我一直在思考怎麼才能把她口中那個凶神惡煞的 stupid 翻譯得文雅一些）。我做醫生的表哥也遠程對我進行了通報批評：為了你後半生的幸福，不要再這樣折騰下去！

我痛定思痛，覺得他們訓斥的極是，如果搖曳著用力瘋狂、揮霍青春的旗幟卻折騰了自己的身體，不值得。但唯一慶幸的是，我現在傷的是左膝，昨天我們的龍舟賽我掌右舵用右腿發力，所以沒有影響發揮正常水平。

我們的比賽一天三輪，比得好，大家擊掌相慶；如果成績不理想，大家就相互安慰說"安全第一，開心就好"。雖然我們是所謂的"市長隊"，代表舊金山市政府參賽，但哪兒有什麼為組織爭光、為榮譽拼搏、勇奪金牌、再創輝煌的大口號——我最喜歡的就是這種"認真玩兒"的體育精神，大家全心努力、享受比賽，但最後結果怎麼樣，不過是餐後小甜點罷了，好或不好，都已經是次要。所有人在激烈的水花中跟著領隊的口號拼了老命地逆著海風划槳，海水嗆在嘴裡鹹得沁人心脾，而且我根本沒精力環顧四周觀察競爭對手的情況，那種瞄準目標一心埋頭瘋狂鏟水的感覺，真是無與倫比的美妙。

我們參加的龍舟賽是美國最大的龍舟賽事，有130多支隊伍參賽，每支隊伍20名隊員。我沒想到龍舟在異鄉美國竟然能這麼"火爆"，而且參賽選手是各色人種，尤其在圍觀了意氣風發的高中生隊伍比賽之後，我更是深感中國龍舟後繼有人——但是，這樣的欣慰，怎麼會那麼卑微而奇怪呢？

2014年9月21日
轉身之間，已進入離開家的第八年

第 23 封信
硅谷这技术已经疯得让人措手不及了

自从去年在硅谷做了小小实习生之后,我就自觉把自己归类为"硅谷女青年",所以时不时地就去参加一些高科技行业的展会。暂时不奢望自己也创个业、然后找个天使融个资什么的,我只是单纯企图借用别人的智慧点拨一下自己,督促自己勉强跟上时代的新潮流。这感觉就像我上大学时看日剧 Mr. Brain,不看不知道脑科学已经发展到如此令人发指的地步,然后再反观自己——原来就是一个文盲。

每次参加硅谷的活动,我绝对是刘姥姥进大观园,什么都没见识过,所以什么都新鲜,但也会有一种险些被时代所抛弃的酸楚感……当然,同时更加为其他人类的智慧感到虎躯一震,敬畏三分。

上周六重回硅谷参加高创会,再次刷新了我对人类想象力和高智商的承受尺度。在现场,可穿戴移动设备和智能机器人横行,各种款式的无人机让人目不暇接,还有一款神秘的"眼神追踪感应器",放在显示器前追踪用户的眼睛瞟向哪里,如果你对着电脑里的乐谱练习吉他,都不需要用手点鼠标翻篇,只要眼睛一瞟屏幕,弹到哪儿曲谱能自己跟到哪儿。对我而言,最喜欢的产品是 The Big Bang Theory 里的 Sheldon 同款"远程替身"——两万美元一台,如果有钱买一个放在家里,我只要在美国摸着键盘,这玩意儿就能跟着我妈去买菜了,同时我还能远程问一下新鲜的小白菜是不是又涨价了。还有另外一个以我的智商已经完全无法追赶的技术——3D打印胸衣。真实产品还没有正经上市,但它的技术要领就是用一根高科技笔扫描身体记录数据,然后传回电脑进行设计,最后通过3D打印技术制出真正客户化定制的绝对贴合内衣。

周六的高创会上前美国驻华大使骆家辉也到现场发表演讲。像我们这样没太见过世面的,一到这种场合,就忙着偷偷摸摸混到前排VIP坐席目不转睛盯着人家脸看,所以没有更多精力兼顾他到底讲了什么……但光看气场就知道,他一定讲得很好很深刻。

最近我虽然没有进行什么学术研究,内心略有愧疚,觉得自己游手好闲没干正经事儿,但是反过来想想,到处东张西望也算是最直接最有效果的学习,不是吗?只要参加一次这样的会议,就知道自己是几斤几两了。

一位在某名校念MBA的小哥参加完高创会之后,也顿觉自己与时代差距之大,他发自肺腑地替大家问了一句说:挖掘机技术哪家强??

2014年9月29日
@LT

第 24 封信
15 个月里，那些默不作声的暗流涌动

　　背景介绍：《第 24 封信》其实是一篇演讲稿。我们一共有四次实习会议（Internship Meeting）贯穿整个研究生项目，其实就是同班同学或者同一个专业来自不同年级的同学聚在一起，聊一聊这个阶段各自的经历和想法，相互启迪，再听一听老师的指导。昨天是我研究生阶段的最后一次实习会议，和晚我们一年入学的同专业同学一起进行。我们"老一辈"学生指定的演讲内容，包括过去 15 个月来的实习经历、未来的打算以及给新同学的建议。虽然会场一共也就七八十人，但这有可能是我毕业之前最后一次这样"大场面"的演讲。今天把自己演讲的内容重新整理成中文（其实就是简单翻译），寄给或远或近的你们。需要说明的是，因为我的同学觉得我中文名字很难念，所以他们平时都直接叫我的姓；但他们又发不出"吴"的第二声，所以我的名字在他们嘴里就是错误的"误"。下面开始。

大家好，

我是"误"，来自 39 班。我的家乡是中国西南边陲的一个小城市，去年夏天我来到旧金山，就这样开始了人生中一段新的冒险。

几个星期前我们班的国际学生一起聚餐，大家说起至今都还清晰地记得，在研究生课程刚刚开始时，我们几个人始终"紧密地团结在一起"，尽量躲在教室的后方。说实话，那时候我在课堂上几乎每一秒都紧张得快要没气儿了，因为我根本不知道自己将要面对的下一个挑战是什么，一会儿是演讲，一会儿是讨论，好像什么事儿都有可能发生，我简直都不敢细想……但幸运的是，我们都幸存了下来，而时间飞快，一年就这么过去了。

在过去的一年里，我们每个人的生活都因为学习和工作发生了或多或少的变化。我改变了很多，也收获了许多有趣的经历。我来到旧金山的第二个月就开始了自己的第一份实习，在一所大学的运动队做体育赛事的社交媒体营销，目标是让更多的学生和整个社区的居民了解到更多运动队的资讯，以提高赛事的上座率。我的第二份实习是在硅谷一个刚刚起步的创业型公司，我依然做社交媒体营销，同时也写一些有关美国职业体育赛事和大学生体育联盟的稿子，发布在公司的网络平台上。我想，在这个时代，似乎所有的东西都变得移动化和数字化（Mobile and Digital），我们有必要和当代最先进的信息保持同步，这也是我为什么决定要到硅谷去看一看、学一学的主要原因。我的第三份实习工作是在旧金山市政府管辖下一个促进中美经贸往来的非盈利机构，帮助中国企业到旧金山湾区投资,同时也协助湾区企业到中国拓展市场。我的第四份实习,也是我现在正在做的工作,在一所天主教男子高中做赛事助理。

除此之外,因为我是一个喜欢追跑步赛事的人,平时通过做志愿者活动或者兼职机会加入到很多赛事的组织运营当中,到目前为止我已经和旧金山湾区大概8个跑步赛事公司建立了联系。关于未来的目标,我梦想着能帮助这些跑步赛事在中国进行推广,但我目前现在正在做的,还是在探索一个可持续的商业模式,既能帮助赛事公司实现盈利,同时也能帮助中国跑者到异国享受不一样的赛事体验。当然,设想的虽然很好,但要真正落到实处还有很多事情需要去做,那就要看看未来的几个月里我还能有什么造化吧。

最后,教授让我们这些"过来人"和大家分享一些"有智慧"的东西,那今天我就与大家分享6句"闪烁着智慧"的话。

第一,从任何事情当中都可以学到东西。To learn something from everything.

第二,经验确实很重要,但是有时候也不见得。不要把自己局限在过往的经验里,用不同的方法尝试做新鲜的事。Experience really matters, but sometimes it doesn't. Don't confine yourself in the experiences. Just be open to try something in a different and creative way.

第三,机会只留给有准备的人。我们现在做的大多数工作可能只是重复着日常琐碎的事务,但只要日积月累,属于我们的"黄金时代"总会到来。Tomorrow belongs to those who prepare for it today. Most of the work we do today would be routine maintenance. Our gold-en opportunities will come when we risk to a great occasion.

第四，构建你自己的人脉网络，即使你现在还用不到它。Build your network before you need to use it.

第五，正视时间的价值，并且活好当下每一刻。Know the true value of time, and enjoy every moment.

第六，爱班里的每一个人。Love everyone in your cohort. 班里的同学是我在异国最好的伙伴，在过去的一年里，他们给我了许多帮助，哪怕是不经意的一句的鼓励和支持，对一个国际生而言都意味着很多很多。不论是在学习上还是在实习工作中，甚至只是一起看球赛、一起开派对，同伴们都给了我许多美好的记忆。过去的一年里，很感谢有大家，感谢我们的"39人"。Thank you so much 39ers. Thanks for everything!

2014年10月7日

第 25 封信
我不想成为让你将就的某个人

　　10月份的日子好，我又有五个老同学喜当新娘、一个老同学喜当妈。在微信上看见他们一对对幸福的笑脸以及小婴儿粉嫩的小手，真是挺好。但我现在一般不敢和父母分享这些喜讯，以防给他们造成更大的"心理创伤"。我的父母虽然是明白人，但是一旦他们收到成垛的婚礼请柬以及朋友反复问他们何时当外公外婆时，做父母的内心必定无比翻腾。我的老家是一个生活还算安逸的小城市，大家都安心过日子，在那儿如果过了二十五岁还不考虑结婚生孩子，就是有毛病，别管是心理上还是生理上的。所以每次回老家，某些封建保守的老一辈都会看着我频频叹息：长得也不丑啊，怎么还没嫁出去？

　　我所在的旧金山湾区是著名的单身理工男子聚集地，这主要得益于硅谷的蓬勃发展，聚集了诸多"码农"，高学历、高收入、高智商等一系列词汇都是众多"码农"朋友们闪着金光的标签。仗着这么优秀的资源，我却麻木不仁无动于衷，一位平时挺帮持我的一位小学姐实在看不下去了，一次我们一起参加会议，她单独把我拉到一边，掏出手机点开微信放大头像，"这个，谷歌的，怎么样，年薪三十万，绿卡。""还有这个，苹果高级工程师，长得还行吧？"……她一边为我搜索着新的目标,一边给我洗脑,"我们这一届的姐妹们,能留下来的谁不是靠嫁人?那些回国了的,哪个不后悔?别把自己弄得太清高,什么非谁不可,你这不叫执念,这只叫做不会规划自己的人生!"听完,没觉得醍醐灌顶,只觉得当头一棒。

许多姑娘看《西雅图夜未眠》(Sleepless In Seattle)哭得失魂落魄。电影临近结尾,男方在未婚妻选择离开时说了一段让我敬仰三分的话:I don't want to be someone that you're settling for. I don't want to be someone that anyone settles for. 我不想要你将就,也不想成为任何人将就的对象——这就是我的态度,如果两个人彼此不是独一无二,而是出于时间的紧迫性,赶紧找个还算正常的人慌张把婚结了,而这个人只是符合了某些硬性的择偶标准,又何必呢?结婚本身应该是一种生活的选择,而不是一个必须去解决的问题。

我并不是说这里的人们势利无真爱,我只是畏惧于那些天网恢恢的衡量标准。"难道我就想着轻轻松松相个亲、然后筛选一个年纪差不多、身高差不多、性格还可以、长相能接受、工资不算低、星座不冲突、无不良嗜好的人度过一生吗?要是再能找一个人能把'美国户口'解决掉,那就更是一石二鸟了吗?"我就是这么问的,但我得到的回答是:"是啊,那你到底还想要什么?"我竟无以言对,只是又想到了《西雅图夜未眠》里那位瞬间高大的未婚夫还讲了这样一句话:Marriage is hard enough without bringing such low expectations into it, isn't it?

有一次偶然得知,那些热心张罗的"红娘"们为了我的幸福依然奋战在介绍对象的最前线,我在他们口中已经浓缩成了"样子还行,性格好,胸挺大"时,顿时觉得自己就是农村集市里的默默无闻一头奶牛,还挺实用的。

在这些疯狂扯红线的过程中,你的经历、你的爱好、你的梦想都可以排到最后再考虑,这些无关痛痒的因素,都是"等价匹配"了之后适度锦上添花的东西。寻找爱情和婚姻路上,彼此不是两个独立的人,而是刻着各种尺度的度量器,我迎合了你、你符合了我,没有什么曼妙的邂逅,也没有什么日久生情。讲究效率的时代,没那个精力磨叽,来一个最直接最容易的切入点,节约彼此的时间,不好吗?

可是,我不想成为让你将就的某个人,也不想要你将就。真正命中注定的人,应该在乎对方的梦想,分享共同的爱好,彼此是独一无二的人生伴侣,而不是一个依靠某个标准快速解决结婚难题的备选方案。当然必须正视的是,许多人常常会念叨你的人生大事,其实不必在意,他们不是真的关心你,不过是无事可忙,急缺张家长李家短的闲聊素材罢了。

有一句话说,"如果最后能走到一起,晚点真的无所谓。"突然想到微博上的一个老段子,紫薇问:"尔康,你幸福吗?"尔康答:"我一直姓福啊!"更何况,结不结婚,我也一直幸福啊。

2014 年 10 月 22 日 00:10
@Loyola Terrace

第 26 封信
同性恋异性恋，都没什么大不了

今天各大媒体科技版、娱乐版、社会版的头条都是苹果 CEO Tim Cook 宣布出柜的消息，各路看客支持的有不少、纯粹凑热闹的更多，大家手忙脚乱地奔走相告，就怕有谁错过了这个重磅消息：苹果总裁就是一个 Gay！Gay 在英语里本来是一个中性词，描述的就是"同性恋"群体，但从有的人嘴里说出来的时候就带着隐约的贬义，至少我之前就是这样。"啊呀，原来他是一个 Gay 啊？！"分明透着一种窃喜和看笑话的口气。

旧金山是同性恋的天堂，这里包容一切的文化让所有发生在这个城市里的事情都见怪不怪。记得去年我第一次看见两个穿着平角裤的大帅哥手拉手招摇过市时，还痛感"这个世界究竟怎么了？！"；最近我独自坐在咖啡店里，看着窗外两个高大的金发猛男紧抱着热吻时，我只会镇定地咽口咖啡，深信不疑这个世界就是这样：大家各有各的选择，互不干扰就好。

我本来对"同性恋"这个话题没什么特别的兴趣，直到上一周我爆发性地突然掌握了太多"情报"，得知一位我特别敬佩的老师、我的直属领导、一位朝夕相处的同事、一位常常帮助我的学姐全部都是同性恋时，我恨不得当场掀桌子跳起来把天花板撞开——各种没有情节的混乱场面在我脑海里面迅速闪过，那一瞬间，我嘴上没说，可心里上瞬间把他们划分成"异类"——怎么能是同性恋呢？！虽然我尽量装作平静，但还是有些抑制不住地小声惊叫出来：这么长时间，我怎么什么都没看出来？！朋友反过来问我：你为什么要看出来呢？他们都和你一样，你喜欢异性，他们喜欢同性，就是这样，这都是正常的，他们还不嫌弃你是"异类"呢！我转念一想，这说得还挺对，所以没有继续咋呼。

此前我一直认为自己对同性恋的态度已经很开放，但那只是因为我和这个群体隔得太远，可真正轮到发生在自己身边时，我还是会一惊一乍，所以我自以为的平静和包容全是假象。我需要好好想一想：想的不是他们的取向问题，而是我自己应该怎样和他们"重新相处"——再见到他们时，我会不由自主地用异样的眼光去打量他们吗？

想起我的一位在传媒大学的好朋友两年前拍过一个北京东单同性恋群体的小纪录片，我至今记得其中的一个镜头，一个穿着黑外套戴着黑框眼镜的男生，文文静静，一看就是那种老实念书工作踏实过日子的人，他说自从他向家里"坦白"了自己是同性恋，最后落得众叛亲离，父母也不再认他这个"不孝子"。他说他今生最大的梦想是能带着"爱人"和父母拍一张全家福，可自己最后又苦笑说，这个梦想一辈子都不会实现了吧……

我想到了美国的童子军协会（BSA）之前一直在闹腾一个提案：是否允许同性恋者加入？童子军成立100多年来原则上是不允许同性恋者入会的，但大概两年前，一位十六七岁的同性恋小男孩因为被拒绝入会，他的父母就跳出来力挺孩子，说他敢于承认真实的自己，却受到不公平的待遇，誓要给他讨公道。我在想，如果我们的孩子或者亲人"勇敢承认"自己的"真实面目"，我们有勇气去支持吗？我们会觉得这是一件丢人的事情吗？

最近新认识了一位美国老人，按年纪算他应该接近爷爷辈儿了，每次见他，他总是带着天真的笑容说自己内向不太爱说话，然后就双手捂着嘴咕咕咕自己笑。他是一个建筑师，也爱画画，他把自己四十年前的大油画到新近的小作品一一介绍给我，色彩间都是些生动的故事，他还带我到他整洁的后院摘苹果吃，摘下来直接一口咬下去，我觉得自己很多年都没有吃到这样新鲜脆甜的苹果了。说实话，其实我能感觉他也是 Gay，不仅是因为他就住在旧金山同性恋聚集的 Castro 区，更是为他生活中的各种装点都闪烁着有另一种我无法触及的魔力。

我把围绕在自己身边的这些同性恋群体仔细想了一遍，最后只得出一个结论：他们为人都挺热情，爱生活，办事认真，平时还挺特帮助我。简言之，他们都是善良的人哪，为何会承担了过多的非议呢？就因为他们喜欢的和我们喜欢的不一样，我们是主流、他们是异类吗？

不久前我在彩虹旗飞扬的 Castro 区参加一个会议，活动结束我已经饿得接近晕厥，于是拔腿冲进一家烘焙店买饼子充饥，近了店才发现，这是一家十分热辣的饼屋，所有墙面上装点着各种款式的性感内裤。店家小哥热情洋溢地给称我饼子，他的"那一位"还在里屋烤饼子烤得正起劲，目测他俩这小日子过得还挺好，但对于别人的生活，我还是不评论、不打扰的好。

　　印象里我第一次对同性恋有一个稍微感性的了解，还是从日剧《最后的朋友》里学习到了一些模糊的概念，直到今天真正接触到了一些同性恋伙伴，对这个和自己不一样的群体也有了不一样的认识：从最开始有些"嫌弃"、到好奇、到慢慢习惯，直到现在能在彼此尊重的前提下没有隔阂心的正常相处，我觉得我又完成了一次思想解放大革命。

　　话又说回来，我个人觉得，那些声势浩大的支持同性恋的大游行也没有太多必要，我们尊重各自的选择，彼此安静生活，没必要大张旗鼓地非要支持谁或者反对谁，何必一定要划清界限那样亮明立场呢？最重要的是，大家都能坦然地接受和面对真实的自己吧。

2014 年 10 月 31 日
@Loyola Village

第 27 封信
生活像陷阱，生活像蜜糖

前几天在学校里走着迎面遇到我的跆拳道小队友，我还没来得及打招呼，她突然双膝一弯，两手一叠，头一低，娇羞地对我说了声"吉祥"……我顿时两眼发直不知所措，她却哈哈大笑，用蹩脚的普通话呼喊着：皇上！皇上！一问才知，这姑娘最近迷恋《甄嬛传》，每天跟着英文字幕看得不亦乐乎，而且喜欢"huǎn huán"已经喜欢得走火入魔了。她还和我进一步咨询"华妃"和"翻牌"的典故，结果我也说不出什么名堂，最后才发现其实她懂得比我多。

这位姑娘原籍是韩国，移民到美国已经 10 年了。我说韩剧在中国很火，比如什么《来自星星的你》，我问她喜欢什么韩剧，结果她特别不屑地说自己几乎从来不看韩剧，"太难看了，太假了！"她把自己喜欢的电视剧给我列了一遍，除了《甄嬛传》，还有《步步惊心》、《金枝欲孽》、《还珠格格》，当讲到容嬷嬷掌掴紫薇的片段时，她已经很入戏地左右甩起头来……她让我推荐几部优秀的中国电视剧，只可惜近些年我沉迷于美剧和日剧，反而对中国的电视剧知之甚少，想来想去只好推荐了《新白娘子传奇》（The Legend of White Snake）。

现在回过头来看，发现其实这就是各国软文化的博弈。我担心美国人看多了宫廷剧会以为中国四处都是内宫恶斗——除了久不退散的雾霾，原来那里的人心也如此险恶！在许多美国人眼中，中国的形象不见得多好，中美两国彼此眼中都是妖魔，充满了片面和误解。就像一些中国人觉得美国人随时都生活在枪林弹雨中，而且随时都在抗议游行，很不安宁；很多美国人对中国的了解也仅仅是人多、市场大、好赚钱，对其他方面知之甚少，就觉得那不过是个庞大而疯狂的国度，自然环境恶劣，人权问题也一直隐患重重，比如一位美国同学曾问我：据说很多中国女人从小要被逼裹小脚，裹不小的还得直接切掉？看着我那39码的"巨脚"，他们大概怀疑我是叛逃出国的。

说回我对跆拳道的喜欢，时光可以迅速退回十年前，那时候我还上着中学，看"huǎn huán"演的《玉观音》看得如痴如醉，尤其是她在剧中带着护具练习跆拳道的场景，深深扎根在我的脑海中，那时候我就盼着自己有朝一日也能和她一样，一飞腿就能把人从头顶劈倒。只可惜当时没有找到合适的教练，所以我出去踢人的梦想就这样默默埋了十年。

也算是机缘巧合，在旧金山认识了我的跆拳道启蒙老师"金教练"，他算是我的学弟，曾经获得过三次世界冠军。得此猛人，我这就样在没有任何心理准备的情况下突然上道了，每周定时去练习"劈腿"，也算实现了10年前的梦想。我的跆拳道队友们绝大部分是本科生，黑带选手都有好几个，在所有队员当中大概就属我年纪最大且水平最次了。我们每周都需要花一些时间进行集体训练，最近为了备战升级测试又得多花精力反复练习，有时候我心中会突然一阵惊慌——老是和这些本科生孩子们打打闹闹踢踢腿，虽然一时觉得痛快，但没有积极主动出去参加社交活动完成我的 networking 大事业，会不会影响将来的仕途？

面对各种五花八门的社交活动，我经过这一年多的历练，虽不能说自己已经驾轻就熟，但在社交场合至少可以装得面不改色心不跳，只是时不时的还是要不停地吃点儿东西以掩盖我找不到聊天话题时的慌乱。平时哪怕再不情愿，也会逼着自己出去参加一些活动，去认识新的人。只要出去参加论坛，我也会强迫自己一定要在现场提一个问题，哪怕问题问得蠢点儿都不要紧，就当是拿别人给自己一个机会练胆子。有一次有幸遇见一个美国商务部的大佬，我笑开了花地去搭讪说哎哟喂今天真是很高兴见到您哪！结果大叔也高兴地说我记得你，你在 XXX 还现场提问来着，我顿时受宠若惊。这是我之前没有想到的，在公开场合提问其实也是一个别人认识自己的好机会。这就是我们教授老是给我们灌输的"重要的不是你认识多少人，而是多少人认识你"的论，这已经成为我时不时翻出来复习的格言。

直到今天，我也算逐渐领悟了"洗脑教授"以前折磨我们的那些独家法宝：每次学院的实习会议，我们不允许和认识的人坐在一起，为的是活生生逼我们去认识新的人；每次进行公开演讲，不准站在桌子或者讲台后面，或者说身体前面不能有任何遮挡物，必须得毫无防备一样光溜溜地矗立在众目睽睽之下，总让人觉得抬头挺胸太生硬，撇个腿又太不严肃，手都不知道应该放在哪里合适。其实，老师的哲学，就是要把我们抛进最不舒服的环境之中，多折腾几次，最终的效果就是让我们脸皮变厚，然后习惯就好。

比起那些让人十分拘谨必须得假装正经人的"社交场合"，我现在觉得和同学出去混酒吧都变得相当舒坦，毫无压力。这个月过生日的同学的朋友特别多，其中一个同学直接包了一辆大巴把我们拉到距离旧金山市区一个多小时车程的某个乡村音乐酒吧狂欢。她包的那种专门的 Party 大巴车，车厢里满是狂暴的音乐和妖媚的粉色，而且车里面直接立着一根钢管。让人措手不及的是，她爸爸一上车就给我们简短地跳了一段钢管舞，我瞬间就被那个场面惊得目瞪口呆语无伦次。看来想要达到美帝人民这样"包容、开放"的尺度，我确实还需要多练练。

2014 年 11 月 26 日 12:40 AM
@Loyola Terrace

第 28 封信
看客的繁华

旧金山是地中海气候，即使冬天也难下雨，但今年略有反常，这些天里雨窸窸窣窣下得没完没了。

最近美国正在庆祝感恩节，就像我们的春节，是家人欢聚在一起的日子。还记得去年的感恩节，我们到同事家吃饭，然后到 Twin Peaks 爬了回夜山，站在高处看旧金山的夜景；今年的感恩节，我借着灯火辉煌的夜色跑了一段夜跑，然后和同样是来自异乡（国）的同学一起吃了晚饭，象征性地在节日里也做出一个庆祝的姿态。我们在这里，还只有"住处"，没有"家"。

今天和好朋友们特意去了梅西百货的楼顶，俯瞰节日装点下的联合广场：逍遥流动的车灯，在人造冰场上自在滑行的人，圣诞树也已经点亮，散发着幸福气息。我们不发一言，就这样趴在天台看了好久好久。

我问朋友还记得阿甘正传里面那首《San Francisco》的调子吗？然后大家竟不约而同有一句没一句地一起哼了起来："If you're going to San Francisco, be sure to wear some flowers in your hair"……

许多人说，城市的繁华并不属于我们这些短暂的过客，也许吧。明年圣诞时，来自世界各地的我们说不定又已经远走他方。只是这一刻注视眼下幸福得有些不真实的繁华,只觉得头顶轻巧的雨点竟也带着无声的笑意。

2014 年 11 月 30 日

@LT

第 29 封信
困境，机会，勤奋，折腾和过日子

今天到李维斯球场（Levi's Stadium，旧金山 49 人橄榄球队主场）参加一个论坛，主题是"体育产业与科技创新"。记得我第一次去球场时还是建设期间，那时候纯粹属于考察工地，简单了解运营；上个月第二次到球场看了旧金山 49 人和华盛顿红皮的比赛，只可惜橄榄球规则我又忘了不少，在现场也只能看个半懂；今天重回球场，带着浓厚的学术气息，听业界精英们讲解体育和科技，也觉得意义非凡。

其实不用复述其他各种高精尖的技术，只需要一个小细节，就可以窥视美帝的体育产业已经做得精细到哪个程度：球迷在球场坐着看球，连接免费的无线网，直接通过手机上的球场 App 进行点餐，会由专人快速送到座位；哪怕是比赛中途去个卫生间，一路上都有比赛情况的声音播报和电视屏幕，球迷不会错过任何一刻的精彩；最威猛的是可以直接通过手机查询哪个卫生间距离最近人最少，然后直接把球迷导航到最合适的那一个……

中国的体育产业还处于需要"雪中送炭"的阶段，而美国的的体育产业的向前迈进则是"锦上添花"。我们其实不用老是对比中美体育产业差距，毕竟人家经济发展到一定水平，就必须到这份儿上了。我故作深沉，颇有老干部气质地叹息，中国的体育产业还有很多很多问题，道阻且长……在场的一位老师又提醒我：这不是"问题"，而是改变的"机会"。

今天在会场我还遇到了另一个神奇人物——其实就是我们现在战略课的教授，我惊恐于为什么他的影子无时不刻都飘在我的周围。早上6点就能看到他通过邮件发送学习资料，晚上11点也还能收到他绵延不绝地安排下一步的学习进展，哪怕是在感恩节晚上，当我们幸福地站在天台上俯瞰圣诞树时，都能收到他的邮件提醒交代做作业的细节……

我们这位老师是绝对的工作狂，他主业是斯坦福大学体育部的高级战略经理，副业就是我们教授。根据他的教育背景和目测他的长相估计也就30岁出头，加拿大人，斯坦福大学本科毕业，曾经是高尔夫球员，后来在密歇根州立大学念的博士，还是斯坦福商学院什么高端奖项的获得者，现在的爱好是铁人三项，而且赛事成绩让他直接晋级2014年波士顿马拉松。我勉强用这些破碎的信息拼凑出了一个全面发展的学霸形象，有时候我们特别想弄明白别人为什么总是那么牛，只要看到他清早和深夜给大家发的邮件，然后在百忙之中还脱身出来参加各种论坛活动不断学习，终于明白那些狂人们总是这样起早贪黑的勤奋吧。

现在又到年底了，我顿时有点儿惊慌，就怕眼瞅着时间一天天过去，才发现今年的自己没有做到足够的努力。就昨天一个晚上，同学发短信问："误！小组作业搞定了吗？"另一个同学问：我马上去佛罗里达了，毕业前不一定能见了，有空吃告别饭吗？同学又问：周六 Ugly Sweater Party 的衣服准备好了吗？日子还是那么不正经且那么乱。

今天的论坛结束从球场出来时已经天黑了，这一整天折腾下来吸取了不少思想精华，应该算是饱满的一天。返程的时候开贾同学的车回家，我果断甩了高跟鞋平生第一次光脚开夜车，产生了一种人车合一的魔幻感以及人性大解放的舒畅，仿佛我就是一个来自祖国边疆的自由女神。

繁忙的高速路两侧就是日新月异的硅谷，这是一个有足够力量改变世界的神奇之地，再想想随时飘在我们周围的学霸教授，顿时觉得自己又是鸡血满满，没有困难、只有机会，如果生活每一天都那么有奔头，足够了。

2014年12月5日1:30AM
@LT

第 30 封信
马拉松究竟是修行、还是自虐?

说起夏威夷,大家首先想到的大概是阳光、海滩、性感的比基尼和威猛的大腹肌,可这次我们经历的夏威夷却有些捉摸不定。

夏威夷火奴鲁鲁马拉松(Honolulu Marathon),我这辈子的第一个全程马拉松,我一直幻想着在海风轻盈的赛道上用双脚去探索一下美丽的海岛,最初根本没打算完赛,想着夏威夷天气湿热,觉得自己能跑多少是多少。但没有想到的是,迎接首马的竟然是一场典型的热带大雨,时而瓢泼、时而点滴,活生生把我们的肉体裹挟在变化多端的风暴中颠簸前进。我之前几乎从来都没在雨里跑过步,但这次竟然在始料未及之中就这样突然起跑了,顶着雨、踩着水、警惕滑到、担心体能,最后竟然磨磨唧唧,以跑、跳、颠、爬等姿势把这42公里蹭了下来,但直到完赛,我仍分不清这是一次卓越的挑战,还是不分好歹的自虐。

今年年初我第一次跑半马时已经觉得是煎熬,如今距离又翻了一倍,我只能一路骗小孩儿一样鼓励自己:跑完1K了,这点儿距离再来40多遍就完赛了;10K了,全马不过四次折返,快了;半马了,人还没瘫,坚持一下也许真的能跑完……

一路上体能都是小事，只是卷在暴雨里会觉得强壮的自己变得弱不禁风，这一次不仅仅是和自己身体的抗争，更要和捉摸不定的自然找到平衡点。有几段赛道雨大得已经看不清路，原本用来遮阳光的帽子好几次险些被大风卷走，湿透了的衣服把眼镜越擦越脏，跑步前我发骚画的大睫毛也不知道被大雨冲刷成什么熊猫样……

让人略感惊慌的是，一路上强烈的饥饿感一阵阵袭来，长距离跑步对体能的消耗果然远超过想象。我之前跑步从来不自备能量补给，全靠赛道上提供的运动饮料和能量胶。因为对我这种初级选手而言，身上多一丁点儿东西都是沉重的负担。这次侯仔逼迫我携带的各种"兴奋剂"在半马附近就被我吃光了，即使路边每隔四五公里会有官方的补给点，但已经无法支撑我身体的迅速消耗。幸好一路上会有当地居民自发组织的非官方"食物站"，给跑者发香蕉、巧克力豆、芒果冰棍、小饼干……当饿到一定程度需要"保命"时，我捕捉食物的眼光又愈发敏锐了，只要看到路边有发吃的，立即冲过去抓上一大把往嘴里塞，然后还自觉多抓一些带走，我几乎快含着热泪感谢这些志愿发放食物的居民们：谢谢你们又救了我一命！后半程的赛道上，我似乎不是在享受跑步，而是在条件恶劣的自然环境中努力求生。

一次全马跑下来，我仍旧不知道这属于修行、还是自虐？如果模仿别人说"人生就是一场马拉松"或者"人生不只是一场马拉松"，虽然也略有感悟，但因为我并没有经历过多少人生起伏，这样说有些言过其实，尤其是自己才勉强完成了一次全马就说马拉松是"修行"，似乎有些为赋新词而刻意装模作样。但简单来说，跑步就是如此，始终不停交替双腿重复着几乎同样的动作，即使穿过不一样的风景，但像我这样基础型跑者也常常无心东张西望，只有全神贯注到身体的变化和调节前进的节奏。一路上听见的是耳畔的雨声和自己的呼吸声，尤其是当身体到达一定极限时，路边的加油欢呼似乎也隔了屏障，似乎那些慷慨的喝彩只属于别人的舞台，自己不过一个人在艰难地移动身体，和自己在比赛。有些挑战我说不清有什么意义，只不过勇敢上场、惊喜实现，做了些之前不敢做的东西，自我感觉好像人生又圆满了一些。

　　之前看过一个小片子，讲"我们为什么要跑？"不太清晰的记忆里，片子里的主人公大概是一个退休的生物学家，他住在森林里，每天穿梭在大树中奔跑，顺便采摘果实。他说，人类本质上作为动物当中的一员，"跑"是最基本的动作，但现在我们常常久坐于电脑前不爱动弹、习惯车辆代替最基本的近距离移动，让很多人失去了"动"的能力，但是，如果迈开腿跑出去，最简单地用双脚真正踏在土地上，仿佛就找回了我们作为人类最原始、最本能的东西。

2014 年 12 月 19 日 6:30
于东京成田机场

第 31 封信
莫等白了少年头，空悲切

记得12月初，每天赶作业备战期末，折腾得心神不宁，熬夜熬不动了不得不躺下，夜里竟然也会梦中惊坐起，因为深知肩头责任重大，睡不安稳———当初的自己也是一个有斗志的小青年。

2014年年初时我有个计划，要把遗忘多年的日语重新捡回来，然后在年末参加 N2 级的日语等级考试。当时还想，N3 对我来说还是简单了一些，随便拼一拼，过 N2 级还是有可能的（日语等级考试是 N5 级到 N1 级，N1 级是最高级）。我间歇性地在心里提醒自己，要学习，要学习，时间不等人。当然我偶尔也自觉翻两页课本念一念，再看看日剧美其名曰"培养语感"，就这样，糊里糊涂过了一年，我的日语水平也自觉回到了零起点。

圣诞放假前，我计划趁着假期时间充裕，把之前零散学的德语整理整理，争取能说几个顺溜的句子。此外，研究生结课前的论文也需要定题，我的各种访谈大计也在脑海中自行放映了无数遍，预计成文效果也堪称体育界的颠覆性大片。然后，假期真的来了，我重新沉迷于玩乐当中，这边儿吃吃，那边儿乐乐，眼瞅着 2014 年所剩不多，我一边着急一边玩儿，然后熬到了这年里的最后一天，突然感叹自己一事无成。

就连我练了一年的腹肌,放假回家两个星期,已经逐渐变成了软趴趴的一堆肉,一走路就左右抖。

大多数人,不缺理想,只缺行动。如何把"大计划"分解成可实施的"小步骤",只有勤奋和聪明的人才知道。所以,别幻想着日历换了新的一本,自己会随之瞬间洗心革面。昨天是什么样,明天大概还会是什么样,生活中没有依靠日历设定的分水岭,"新的一年,新的自己"纯粹是自欺欺人的幻觉,明天是否会更好?只有看自己今天真的做了点儿什么改变吧。

2014年12月31日

14:30于家中,还是说一句"新年快乐"!

第 32 封信
故乡，那个亲切但又陌生的小城

这个春节，我从旧金山出发，途经洛杉矶、东京、上海、昆明，最后回到老家保山——那个藏在中国地图西南方向一个可能会被忽略掉的小城。这是我经历过的最冗长的一次旅程。

几年前我在北京工作时，从公司的店面布局资料里得知，我的家乡属于"三线以下城市"，有一种因为城市太小而不被待见的感觉。但小城市的好处就是，在这里好像谁和谁都认识，关系近而且紧，前天走在街上买菜，我都能遇见小学同学的爸爸妈妈，这种感觉就是真正回到了自己生活过的地方。

"回不去的故乡"这句话用在我身上有些矫情，我虽然在外学习工作将近九年，但回家回得还比较勤快，每年一两次。"家乡"对我而言，已经逐渐变成了一种模糊的情感和一个特定的坐标，这里是家人所在，有熟悉亲切但久未联系的老同学，还有逐渐扭曲的城市轮廓。

哪怕半年回一次家，家乡的飞速变化依然让我找不着北。毫不装纯地说，现在身在外地（第二、第三故乡）我也许能活得比较顺畅，反而回来还有些憋手蹩脚找不着道。应该去哪里办什么事情，凭我的记忆已经不靠谱了，而网络上能搜索到的城市信息也并不全面，所能依靠的人际关系也零零散散，我跟这个城市的发展已经基本脱节了。每次回家，我只能紧跟着家人朋友出去吃吃喝喝，也没有再去探索一遍这个城市好奇心。这已然是一个名字亲切但看起来陌生的小城。

收留了我们青春和汗水的中学要搬迁了，一所百年老校，即将搬往全新规划的东城区。据说校区一带已是新房林立，但周围的配套设施还没有跟上，附近也没有多少人烟，想必是一种崭新的孤寂吧。我自认不是一个恋旧的人，但对这种连根拔起的整体搬迁，内心自带排斥模式，所以也不愿去新城区那边看一看。曾经城市里其他的黄金地段，也已经分拨卖给了房地产商，那些满是噱头的广告、精致的沙盘、欧美范儿的商区名字，不会让我兴奋。

每次回家，都能看见一批新楼盘如雨后春笋一般崛地而起——这个描述绝不夸张，但好多还是空荡荡的。一二线城市的房地产是刚需，而像我们这样三四五线城市的住房房地产，大概就是大家一起闭眼营造的虚假繁荣。当然许多人不愿意承认，这只是靠意念和批文不断往上催生的房价，而不是真正的市场供需。但是，大家始终坚信，一个人手里捏着几套房子，总比拿着随时可能会贬值的人民币要可靠。

城市里因为长期施工，不是挖路就是盖房，马路上随处可见的灰土被大风卷着狂舞，是一个看起来崭新但却不整洁的城市，挖掘机昂着高傲的头颅，不远处可能还有一团就地焚烧垃圾升起的黑烟，就在新建成不久的豪宅旁边。气派的八车道马路上，可能驶过玛莎拉蒂，也可能走过一群牛。

记得去年回家,我老老实实走在人行道上,一辆车估计是为了避让不合理的道路规划,竟然直接开上人行道紧跟在我身后,还拼了老命按喇叭让我让开。我继续走,他在后面继续摁,我这急脾气忍不了扭头就要开始吵,坚决要和这种猖狂行为作斗争,结果被我妈拉住,让我别老惹事。当然还有类似红绿灯口汽车从来不让行人、飞扬跋扈的杀马特少年嘴上叼根烟骑个电摩托横冲直撞、出租车毫无征兆地在十字路口中间停车接客、在饭馆吃饭熊孩子直接跳在餐桌上踩盘子当妈的还特骄傲等事迹……后来和小姐妹们聊起这些不合理的事情,大家都劝我:你别出国几天就拿资本主义的标准来要求一切,现在大家都是不要命的人,说多了小心他们出来砍你。是的,人们住在城市里,但是没有学会生活在城市里最基本的规则。

去芒市的路上经过怒江,发现碧绿的江水少了很多,不确定是因为旱季、还是因为上游新修的水库水坝影响了水量。抬头一看,漫天阴沉,也分不清是云雾还是灰霾。据说沿海的许多污染企业都已经逐渐迁移到我们内陆三四线小城市来了。我们小城市里的许多人不喜欢听"保护环境"的口号,"我们要发展,我们要钱,那些大城市的早都富裕了,现在还不让我们也赚点儿?"但转过眼看,人们的生活水平确实好了许多。

在洛杉矶和东京的机场免税店,我遇到的大部分顾客都是对照着手机里的图片疯狂扫货的同胞,感觉大家对物质的渴望逐渐达到历史巅峰。回到老家,在我所目测到的范围内,大部分人有车有房,穿着时尚,从手机到包都用着各种世界名牌（不论真假）。人们也更愿意外出消费，吃好玩好，不再是一味地"节省"，大家开始习惯为更好的生活体验付费。夜幕降临，广场舞的音乐也更加响亮了，居民区商业区里健身房的招牌也多了起来，但不知道实际的生意怎么样。

大家聚会，嘴里讨论的大多是创业、微商和众筹。年轻一代也多了一份朝气，活泼、高调，但好像又不是发自心底的自信，而且感觉还欠了一份定力，那种能让人踏实前进的力量。聊起自己未来的规划，我依然举棋不定。同龄人说：外面好耍就在外面吧。老一辈人说：还是回来吧，生活安定一些，祖国也需要你们来建设！

前几天我们从幼儿园就一起长大的小姐妹们相聚，平日里大家各奔东西，相聚这种场景估计也只可能发生在春节了，一年一度。外出玩乐，我习惯性掏出手机点打车软件。一想，Uber的全球化扩张还没扩到我们这儿，据说可以用滴滴，但是常常叫了车也不会来，最后决定走传统路线，打出租车。出门等了半天才发现路的对面来了一辆，刚好乘客下车，我们也不想再等，当即决定横穿马路翻越铁围栏去"劫车"，虽然有点儿羞愧但也理直气壮。街上有摄像头吗？明天的晚间新闻里会不会出现三名低素质女青年张牙舞爪翻围栏的身影？管不了那么多，况且许多人都这样做，我们还担心什么？同化的力量总如此是润物细无声。

上了出租车坐前排，本应自觉系好安全带。但在我们家乡，如果在城里开车坐副驾驶还系安全带，不仅本人觉得勒着不舒服，司机会觉得是乘客嫌弃他车技不过关，据说还会遭到路人鄙视。但是在美国坐车，哪怕坐在后排都得系上安全带，这不仅是法律规定，更是对自己的生命负责。我们出租车里那安全带插口感觉已经腐朽了，我使劲儿插了半天才插进去，司机略带惊异和嘲讽地看着我说：呵呵，你是两年来第一个用这个的人。

寒假写于家中

第33封信
爷爷爷爷

上周和老师去香港参加一个论坛,一大早离开家出发时,爷爷送我到门口,左手抬着刚漱完口还没放下的口杯,右手飞快地整理着清晨还没及时梳理的白发,就像是要赶在我出发前要塑造一个"得体"的形象。我说,爷爷回去吧外面风大。一个星期之后,等我从香港回来,爷爷已经经历了我未曾想象的生死磨难,在鬼门关挣扎多次,现在勉强缓过一点儿劲儿,但喘气都很艰难。我趴在狭小的病床前,说爷爷我从香港回来啦,他艰难地点点头,勒在脸上的氧气面罩也跟着动了动,眼角淌出一行泪。

我总以为衰老和病痛是自然而然地慢慢袭来,可往往它又像是一记惊雷,没有任何思想准备就把人瞬间打趴在地。

几个星期前还和爷爷聊他的"少年时代"。他说那时候家里很穷也没钱读书,十几岁就跟着堂哥外出谋生,到一所学校做工。后来参加了游击队,打内战。我上个月问他打仗时候的情形,他讲起来神色激动,六七十年前的事情他依旧记得清晰:他们怎么包围国军,国军怎么围剿他们的共军小支队;他们有一位战友在安装炮弹时火药反弹把自己当场炸死;还有慌忙撤退时战友中弹身亡,只能把他的尸体拖到田野上,拿堆在路边的蚕豆枝匆忙掩盖;还有一次"敌军"为了震慑当地的群众，杀了一个身材魁梧的人把头挂在城门上，冒充是活捉"我方"军队的将领后砍头示威……爷爷的"青春年代"大概是从极度贫困和血雨腥风中走过，但他还没把故事讲完，就说不讲了，"想着都害怕，不想再说了"。然后他爬上凳子从书柜的最高层给我翻出来一套发黄的老书，讲四大战役，说："历史还是得看看"。

听爷爷讲述他过去的经历，这大概是我们近些年最长的一次对话，平时在美国给爷爷奶奶打电话，对话的内容基本局限于是否吃饱穿暖、生活学习是否顺利、不要为了省钱苛刻那些已经有固定格式的桥段。

但现在，我和爷爷已经很难有超过五个字的对话，最多的近距离交流，不过是我坐在病床边，胆战心惊地盯着床头检测仪上不停变换的数据和时高时低的波纹，黑色的小点上下起伏划出一个个波浪，像是一个微弱的小昆虫在翻越一座座高山，而不知前方的磨难还有多少。爷爷时不时睁开眼睛看看，确保床边有人守候，再盯着头顶的吊瓶，一滴一滴，像是祈盼救命的天使。

生命的开始是偶然，生命的结束是必然，这些道理我们都懂，只是看见一个好端端的生命这样瞬间变得羸弱不堪，却是那样束手无策。学习工作中，我们忙于锻炼技能、获取知识，却常常忘了增加智慧、不断修持。这两天在看《西藏生死书》，书里讲"无常"才是生命的真理，而我们却往往拒绝承认，把一切都想得太理所当然："生"是天经地义，"死"是严厉讨伐。作为一个当下活得正好的人，如何增加生的信心？又如何拥有死的勇气呢？

《西藏生死书》里记录了一位上师杰西仁波切所说的一句话：计划未来就像在干枯的深渊里钓鱼，再怎么努力都不能尽合汝意。还是放下一切计谋野心吧！如果你要思考些什么的话——请想想你漂浮不定的死期。

2015 年 1 月 26 日 14:15

家

第 34 封信
出国留学这一趟，你觉得值吗？

回到旧金山一个星期，距离毕业三个月，学习实习一拥而上，时间瞬间变得如此紧迫。

国内正在闹哄哄地过年，但现在萦绕在耳边听到最多的话还是：毕业以后你什么打算？要留美国吗？身份尴尬的留学生们为了争取一个实习的"合法身份"，都要拼得不留余地，那等到正式工作，又是什么局势？

毕业了回国吗？我不知道，更何况很多事情不是靠自己一个人闷头想想就能决定的。再回过头来看看，自己已经在旧金山晃荡了一年半，不论以后身处何方，我忍不住自问：最开始为的什么要出国？想了想，我决定从另外一个事情说起。

有一次课上，教授继续他的说话风格，劈头盖脸给我们洗脑：你们要明白，现在你们能在这里接受这样的教育，已经完全超越了你的基本权利（right），而得益于你的"特权"（privilege）了。你接受这样的教育之后，会怎么去改变你自己？会怎么去改善你家人的生活？然后怎么去帮助那些没能像你一样享有"特权"的人？

上个月我们专业有一门选修课，是到南非进行实地的考察学习。我没选那门课，后来听去了南非的同学介绍，许多美国同学都对自己的这段异国考察经历刻骨铭心。说实话，很多土生土长的美国人过于沉浸于自己的小世界当中，对外部世界完全不感兴趣（或者说一无所知），因为他们大部分人从小就生活在物质极大丰富的资本主义社会，美国在他们眼里就是世界上最好的地方，所以也没必要再去外面"受苦受难"，每天的生活状态与信仰大概就是"娱乐至死"。南非之行下来，美国同学们感受到的除了景色迷人之外，他们当中的许多人第一次明白原来世界上真还有如此贫困的地方，教室破败，垃圾堆就裸露在街角，学校甚至没钱给学生们买一个新的足球。可问题是，南非整体上可以说是非洲最好的一个国家了，那其他地方呢？北非？南亚？或者说中国广大的农村地区？

我又想起来另外两个人，一个是朋友的同事，26岁的埃及小伙子，战地记者，去年夏天刚结婚，不久前在叙利亚的战场上被流弹击中身亡；另一个女孩儿，是我17岁那年高中假期去翻越高黎贡山时遇见的，她生活在高黎贡山脚下的一个小村子里，和我同岁，当时已经是三个孩子的妈妈。她的裹背里背着一个婴孩儿，而她手里牵着的那个小男孩，像她的弟弟。

如果不走那么远，可能什么都看不见。

到美国课程刚刚开始的时候，我们要做一个和自己专业（体育管理）相关的调研作业，我选的话题非常绕口，是——《以世界杯为例，国际大型体育赛事的举办与性工作者的周期性迁徙及地方政策研究》。这目测大概是一个有些挑逗性的话题，可是在我不断发掘"学术素材"的过程当中，除了了解到全球各地赛事举办城市针对性工作者在全球范围内迁徙采取了哪些卫生、安全、人权方面的保护政策，更无意中发现了许多关于非洲人口贩卖以及逼迫幼女与他人发生关系的纪录片。当一个十几岁的卢旺达小姑娘对着镜头面无表情地说：我被我的阿姨带到一个屋子里，一个像我叔叔那么大年纪的人就把我的衣服脱了，我还以为他要给我换一身新的衣服，但是……她还是面无表情地转过头，画面黑了——我们每天看到的听到的，似乎都是一个此前自己完全没有想象过的世界。无论富足，还是贫困。

前几天也和同学讨论，说到我们大部分人都选择到美国到欧洲这些相对发达的地方上学，一开始可能看中的是整体的经济文化环境，但最根本的目的或许不是留在这样优渥的地方工作生活，坐享其成一般安心接受这些"既得利益"。我们在这样一个相对较高的平台上，有一个更大的窗口去接触世界；但回过身来，当我们看见更多之后，更应该去那些欠发达的地方走一走，才会更深切得懂得整个社会经济发展和民主进程是如此不易。这大概就是我们为什么要不断远行、不断接受更好的教育——只为能站在一个更高更全面的位置了解世界和了解自己。缩小了说，也才能懂得自己现在能在美帝吃好喝好玩好学好，纯粹是捡了一个大便宜——前人创造的大好社会，然后父母们用血汗钱把我们送到这里。

曾经有一个不到20岁的小伙子，同样是留学生，颇有些长者风范地教育我说：我们能出来留学，凭的是什么？你我心里都很清楚，你说靠自己努力，可比我们努力的人多了去了，最后能出来，靠的还不是父母。我们考个托福考个 GRE 所付出的努力，与父母那一辈人的拼搏相比起来，微乎其微。

我们学校为毕业生设计的调查问卷上，除了了解大家毕业后的打算，更多的是让我们反思在过去的学习生活中，除了学业上的所得，对周围的世界是否付出了足够的关注？在所生活的社区有过什么贡献？对不同文化背景不同种族是否有增长了包容之心？是否明白了性别平等的重要性……大都是一些庞大而理想化、但是又如此开阔可以毕生反思的问题。

去年假期回国的时候与许多熟悉的不熟悉的人聊天，感觉大家的语调中总闪现着一种对现实无力反抗的怒气，不论是经济形势、人际关系还是社会体制。简而言之，就是"美国一片大好、中国实在太乱"。哪怕是在机场等待转机时偶遇一个陌生的旅客，竟然都能和我"发自肺腑"地痛斥社会几个小时。我有一个感觉，我们当中的许多人已经陷入了吃饱喝足之后上上微博刷刷朋友圈发表两句怒吼企图拯救社会。网络上、现实中，四处闪现着一点儿"戾气"，大家以发泄抱怨为主，然后偶尔来点"正能量接力"，同时还会胁迫他人和自己一样关注社会、内心"善良"，盲目的道德捆绑和自以为是的浮躁浅薄无处不在，最后还会深刻感动自己两分钟。

走过一些路，见了一些人，整个过程带给我的洗脑功效，就是相信改变的力量。我们对眼下的现实过度悲观，而对外界又抱有不切实际的幻想。如果真的对现实不满，而你我又做过什么实际努力去改变呢？

我新去实习的单位以前做过一个有关灾害抵御与灾后重建的项目，在翻阅资料时我眼前一亮：一个研究表明，旧金山湾区 2007 年到 2036 年之间发生 6.7 级及以上级别大地震的几率是68%，如果再遇上暴风雨，那对整个区域都是巨大的打击。所以为了最大程度地降低潜在的震后损失，我们作为一个第三方组织应如何与政府与湾区企业建立合作，除了宣传地震知识，警惕极端气候，提前做好震后应急预案，更要共同建立环保的经济圈，最终落脚点是控制海平面上升……如果看得不高，看得不远，对周围和未来无所谓的话，人们不会想到这些。记得美国总统富兰克林说过这么一句话：People are ready to be free, but they are not ready to take the responsibilities. 他的原话我已经不记得了，也没有查到，大概意思就是我们天天念叨着要活得更自在，但自己从未准备为此承担相应的责任。

我在假期时看到的两段话值得分享出来，一是作家阎连科在接受《人物》杂志采访的时候说：我希望这一代的年轻人，对我们当下的现实，不管他们认为好还是不好，都应该思考一下，这现实是从何而来的？第二句，龙应台在《大江大海1949》写道：如果每一个十九岁的人，自己能够独立思考，而且在价值混淆不清、局势动荡昏暗的关键时刻里，还能够看清自己的位置，分辨什么是真正的价值，这个世界，会不会有一点不一样呢？每一个人的决定，其实都会影响到他的同代人，每一代的决定，都会影响到他的下一代。

很多人觉得花那么多钱出国念书，最后没能留下，回国了，一是不划算，二是没面子。你觉得呢？看看我周围的同伴，猴子同学凭借实力、机遇与一点好运气好人品，成功搞定工作签证，继续在美国发光发热；而另外两位同学（虾仔和门助理）冬季毕业之后就铁了心，决定回国再发威。以

"是否成功留在美国"为标准来判断留学的价值，或许过于鲁莽和轻浮。

留学，是一个眺望世界和反观自己的过程——其中的价值由过程滋生，并非靠结果决定。如果每个人能看大一些，看远一点，做出适合自己的选择而不是盲目追随别人的踪影，同时也能像一个真正的成年人一样为自己的决定负责，那么，无论在哪里也都值得最好的生活。

2015年2月19日
小圆桌头脑风暴

第 35 封信
高楼下的蚂蚁

最近的我又回到了忙碌的巅峰，做三份工作、上课、赶作业以及毕业论文同时进行，虽然各自的任务量没有多大，只是需要在各个频道之间灵活切换，确实有点儿人格分裂的潜在风险。但我对自己的严格要求是再忙都必须留出一定的吃喝玩乐时间，所以跟同学约吃饭的档期都已经排到早上 7 点半吃早点了。我把自己折腾出一直很忙的模样，虽然不知道是真有那么忙，还是自己的时间管理有问题。

新学期里的新工作也挺有意思。每周给学校里选修中文课的同学上一节中文课，只是备课时一看课本的内容我就开始心疼学生们了：第五课在"饭馆儿"吃饭部分，想必学生们看那菜单犹如我看星巴克的咖啡列表一样，就看见字母组合了，完全不懂内涵。更惨烈的是竟然还要学习语义高度浓缩的征婚广告，比如 "面容姣好，显年轻……"，真是与时俱进。叫人为难的是，我们上课不能给学生施压，必须创造一种温馨轻松有趣的课堂环境，还只准讲中文。第一堂课上，我饱含深情、放慢语速、说话时尽量挑简单词汇组织语言，讲了两分钟，同学异常冷静地对我说：老师，我们什么都听不懂。无奈之下，我只能偷偷摸摸中英文混着用，还要警惕来查课的老师突然闪现在教室的后面指责我没有全程说中文。

第二份工作给一位主讲国际贸易的教授当助教，也就是平时帮他批改下试卷，有什么学术研究的时候我跟着查查资料，要组织会议的时候我跟着搬搬东西扛扛货，可以充分发挥我的特长。

第三份工作和促进中美贸易往来有关，上班的地方在旧金山的金融区（Financial District）。生活在旧金山的人有时会自豪地说，我们生活在宇宙的中心。因为硅谷疯狂的发展带动整个湾区走向癫狂，所以我现在去上班时都会产生逐渐打入宇宙核心的幻觉。

以前聊天时蹦出个稍微高端一点儿的问题，大家就会玩笑说是你这问题考虑得过于 CEO 级别了，现在做的这份工作需要收集最新的经贸以及政策信息做分析，比如中国政府发布了什么新规定，奥巴马又有发表什么回应，中美两国投资方应如何应对……我现在就感觉自己已经跳出 CEO 级别，完全是国家首脑了，主宰着两国贸易的命脉。

当然，在新工作刚刚开始时，我给自己的第一个任务绝不是什么发掘投资机会探讨贸易壁垒，而是拿着公司里的通讯录，把所有不会发音的同事名字全部查了一遍，标注好读音，再对照同事的照片，自觉练习。关于从来记不住外国人名字和长相这个坎，来美国一年多了，我都是这么靠学霸背书的功底跨过去的。

但是，生活再忙碌，饭必须要吃好，这是我的另一个宗旨。最近发掘出了办公室周围的几家快餐店，种类齐全，想吃什么拿什么，就是付费方式奇特，最后称重论斤收钱。当我把餐盒递过去一称，瞟一眼总价，自己在心里掂量下——

什么？接近两斤？！生活在宇宙核心的高雅小白领形象顿时坍塌。

现在的我就像是在高楼底下穿梭的蚂蚁，偌大的世界里走着自己轻微的轨迹，没有什么大惊大喜，每天挤公交，盯电脑，手机都欠费停机了还念叨着中美贸易摩擦。抽空扭头看看窗外挤成夹缝的大海，然后继续论斤吃饭。

2015年3月6日 12:50AM
做人应当早睡早起

第 36 封信
学习乃安身立命之本

昨天和猴子同学召开晚饭座谈会,一不小心开了四个多小时。我和"进步青年"猴子每一次的高端对话基本都围绕当下中美两国经济、社会、文化形势以及各大尖端产业的发展动向展开,同时聊一聊近期学习所得和工作收获。上次和猴子吃饭还是上个月,大学同学俞妹子来访旧金山,大家趁机一聚,我开玩笑说,俞同学一来,瞬间拉低了我们的谈话层次,大家只能说说肤浅的八卦,难有深度的信息交换,更没有智慧碰撞的绚烂火花。

在猴子的私宅,她先给我呈上了一袋从中国"偷渡"来的新疆大核桃,再从书堆里抽出一本书递给我,然后"猴子大讲堂"就开始了。新兴网络巨头们的营销如何颠覆传统广告业,XXX 调查显示百分之多少的美国人的已经完全不看有线电视,中国又有多少百分比的 80 后群体旅行习惯出现什么新趋势……她迸出一堆刻在脑子里面的数据之后,突然严肃地说:代码编程我们还是得学。

我和猴子就像学究一般针对是否应该亲自实践主动加入"码农"群体这个问题进行了各种宏观分析,最后的结论就是,互联网泡沫破裂不过是迟早的事情,但网络科技的发展仍是不可逆的趋势。就像几十年前可能只有学外语专业的人才懂外语、会翻译，但现在外语对很多人而言只是进行交流和获取信息的工具一样，基本编程技能的普及会是未来的大趋势，也是新时代合格打工者的必备技能之一。用不了多久，写一段简单的代码调整网页前端设计或者后端功能，可能就像我们现在打字和做 PPT 一样，得轻松上手。我俩沉默了几秒，感叹道：活在的宇宙中心，就这样被时代追着跑，不停地学习新东西已经迫在眉睫！

世界的进步，导致我们就像是活在一个筛麦子的机器里，现在对自己是很使劲地把在边缘，如果没有真材实料，一旦筛子快了点儿，分分钟就被筛出去了。

吃饭时我跟猴子又聊起我们的创业大计，虽然聊了一年多还没有什么清晰的眉目，但自以为颇有前景的点子已经扔出来了一堆。我们也知道，"真正去执行比自己想象出来的完美方案更重要"（Done is better than perfect），但现在全民创业的趋势散发着当年各界群众大炼钢铁一般的热情，容我们再多沉淀沉淀，等过了这个热闹劲儿，慢慢想。

缩小了看，时代的发展就像一列老款的绿皮火车，只有火车头加速，而车身只能被拖着跑。我们先不用幻想着成为车头行进方向的掌控者，哪怕只要稍微靠近加速器一些，随时都能体会到层出不穷的新鲜感，同时也会因时代变化过快产生恐惧——就怕一不留神，我们就被时代所抛弃。

这种因快速发展而产生兴奋和焦虑，反映在我们的课堂上就是有时候都不用课本，因为课本经过印制的这个周期，许多信息又已经过时了，但新的思想又有待实践去检验。我们现在学的《赞助和战略合作》的课堂上，老师除了讲一些最基本的原理之外，直接拿来一篇刚刚发表了一个星期的"新成果"让我们讨论，拿着那篇无比新鲜的论文，烫得我都有点儿手抖。

在这种飞速得不等人的时代，我觉得接触面和信息量（也就是眼界的宽度和知识的深度）应该是最值钱的东西了吧。比如我自己，之前接触到更多的是产品市场的东西，一说到几十万上百万的钱数就有点儿发慌发憷，现在逐渐了解到一些资本市场，有机会听那些矗立在生物链顶端的大佬们讲投资，一开口就是 X 百亿美元。当别人已经兴致勃勃地进入到下一个讨论环节了，我还傻在最开始的那张幻灯片，心里默默掰着指头数零。我现在除了需要逐渐适应那些触目惊心的数字之外，什么贸易什么税法什么法律条款什么公共政策，这些一望无际的新事物，对我而言，都是扑面而来的新挑战。

以前在北京读大学的时候听过一位宋老师的讲座，记得他说自己的座右铭是"学习乃安身立命之本"。我把这句话抄在了当时每天都在用的小字典上，但直到今天，也许才更加明白了这句话的含义。苏格拉底有一句话说，智慧意味着自知无知（I know one thing that I know nothing）。我只能自我安慰说，自己现在有可能正走在通往智慧的道路上。

唯一不变的事实就是，当时代迎向你的时候，你躲都躲不掉。

3/15/2015 @KA Hall

第 37 封信
活在客场

我本来一直想着给你介绍介绍美国的大学体育体制,恰好现在赶上 NCAA(全美大学生运动协会)的"疯狂三月"(March Madness)—— 美国最顶尖的大学男子篮球队进入淘汰赛阶段争夺总冠军。而我最近去参与工作的 NCAA 女篮比赛,现场精彩程度也绝不亚于咱们的 CBA 总决赛。但今天,我想说的又不是大学体育了,而是嘘声和噪音绵延不断的"客场"文化——那个鲜有人为你鼓掌的别人的地盘。

比赛在伯克利(UC Berkeley)进行,打到第二轮,是伯克利主场迎战德克萨斯(University of Texas),我负责做媒体关系的一部分,所以有机会在现场断断续续地瞟几眼比赛。最后的比赛结果是德克萨斯在最后时刻客场翻盘取胜,我有好多次都在球场边看呆,眼瞅着客队球员在轰鸣的嘘声中一次次全力反击,我又特别不要脸的想到了自己。

我喜欢赛场的热血沸腾,也感激能有这样的机会插足到美国人主导的赛事媒体运作当中,但有些失落的,不过是自己一直就像一个奔走在最前线的"局外人"——在新的团队当中,我只会低头干活,抬起头来无话可说。

工作团队里,大概只有我一个外国人,而且是一个纯粹的"新人",和谁都不认识。大家初次见面寒暄之后,按照安排的工作各忙各的，闲时坐下来，却有些冷场，我和他们目目相对，心想必须得打破僵局。我绞尽脑汁想一些看似比较随意的闲聊话题，比如最喜欢的球队呀球星呀，两三轮生硬的强制性问答过后，谈话已经很难继续下去。我没有什么值得让他们感兴趣的地方，而他们的谈话有时我也听不明白。同组共事的人中有的从小就在伯克利或者伯克利周边的城市长大，他们聊自己的高中怎么样怎么样，感觉就像是我和中学同学聊上学路上的哪家泡菜店好吃一样，内容过于细分和精深，我假装听得很认真，但也插不上话。因为你想说的，别人未必听得懂；而别人说的，我也未必能理解。更何况每一天新的工作开始时，我仍旧不擅长装作和所有人都很熟一样，一见面就违心地说一堆"你的小外套真漂亮啊！""Oh My God 你的指甲在哪里做的和你的衣服好配呀！"之类用于暖场打破尴尬的话。人与人之间有一堵看不见的墙，就是这样逐渐逐渐搭起来的。大家仍然可以礼节性地微笑，但仅限于此。我只会一根筋不停地说工作说工作，但除此之外，无话可说，且日复一日。在别人眼里，我大概就像是一个愣头愣脑的异域怪物吧。

我也一直在想，来美国 20 个月，在学校里已经格外适应，出了校门大大小小的实习也做了不少，为什么我在这个时候还会突然撞上另一堵"新秀墙"，手足无措？

想来想去，其实很简单：我们这个研究生项目刚开始的时候，虽然班里只有我一个中国人，但我还有其他国际生们相互吐槽和鼓励，而且班里许多美国同学也是从"外地"搬到的旧金山，都是人生地不熟，大家抱团一起玩儿，初来乍到的恐惧也不会过于强烈。而我之前做的大部分实习工作，多多少少都会和中国扯上关系，所以在什么环境里都会有一些亲切感。而这一次，是完全把自己赤裸裸地丢进一个纯美国的环境，丢进一个已经基本定型的社交圈，再加上我不知深浅地往里面蹭，感觉自己不是去为团队做贡献，而是去捣乱。

我突然联想到一个片段：平时上跆拳道课如果去晚了，大家已经列好队形在热身，队友看见我来了，会主动左右挪一挪腾出一个位置，说"来这儿吧"——但是职场不会。大家已经有了自己相对稳定的圈子，一个形单影只的局外人突然闯入时，很少有人会主动地腾出一个位置把他拉进这个圈子，只有自己脸皮厚，自己挤去。当然，换一句话说，这不能责怪别人不友善不热情地去接纳一个表面迟钝但内心善良的新人，事实就是，努力去融入一个已有的圈子——是自己的责任。

以前看到学校的宣传栏里介绍一本书，叫 Welcome to the Big Leagues《欢迎进入大联盟》，是我们学校的一位校友写的，专门引导学生菜鸟进入职场时如何进行身份转换的参考书。虽然我一直很反感这些似乎是教人怎么去"耍心机"、"玩弄关系"的成功学系列技术宝典，可是以自己现阶段的处境来看，十分有必要找来钻研一下——哪怕我曾自大地认为自己已经深入职场"摸爬滚打"了一段时间。

前几天去参加一位学姐的生日聚会，冷风肆虐的沙滩上，看似欢乐的人们一根接着一根抽烟，跟着音乐摇头晃脑，喝 Fireball（一种肉桂威士忌酒）兑柠檬汁，玩一种我看不懂的扑克牌，然后举着自拍杆各个角度拍一轮。这是一场典型的美国式聚会，大家玩儿得开心哈哈哈大笑，可是一想到那天生日聚会的主角刚刚被老板炒了鱿鱼，大家又适时地愤怒几秒、鼓励几句，努力营造一种看起来很和谐的气氛。

学姐的朋友带了一只叫"小码头"（Little Pier）的小灰狗也来参加沙滩聚会。"小码头"完全不顾众人放肆的喧哗，自己在那儿使劲儿飞着腿刨沙坑玩儿，我们怎么叫唤它、用好吃的引诱它，它也不理会，左边刨一个坑，右边刨一个坑，好像在挖什么宝藏，然后自己跑到海边站定一会儿看几眼，又回来继续奋力刨坑。不知道他是刻意逃避聒噪的人群，还是真的自己乐在其中。

我只是突然想起来周星驰《大话西游》里最后的那句对白：你看那个人，好像一条狗。

2015年3月25日12:55AM
@LT

第 38 封信
挺身而进

对我而言,留学之后最令人身心愉悦的事情莫过于"好书遍野"。用小学生写作文的常用句式来说,那就叫随时都能在知识的海洋里遨游。一年里读了许许多多的书,其中在思想观念上影响我最深的三本,应该是:Wooden on Leadership, Thinking for A Change, 以及 Lean In。这三本书也许还没到读完就能让人瞬间改变命运的地步,但至少,我已经翻江倒海地独自进行了好几轮思想大革命。

Facebook 的首席运营官 Sheryl Sandberg 写的 Lean In 是最近在读的一本。之前和朋友说起这本书,才发现它的火爆程度超出我的想象,感觉 10 个人当中有 5 个人已经在读,还有另外 3 个人正准备读。书中说了很多关于社会强加给女性的刻板印象以及性别分歧的案例,其中很多都是我常常看见、但从未想过这也算是一个"问题"。书里有一个我特别认同的观点,就是女性可能会抱怨自己受到低于男性的待遇,但除了社会大环境的压力之外,也有可能是女性没有主动去争取自己应得的东西。

今天晚上在学校参加一个论坛,我又跑到话筒前踊跃提问。其实我的真正目的并不在于"提问",只是为了测试一下 Lean In 里提到的一个普遍的社会现象：在可以发声的场合，女性多数处于沉默。

测试结果不出所料，在现场提问的六个人中，五个白种人，男；一个黄色亚裔，女。我知道，也许其他听众真没有什么问题好问的，但我也在想，很多时候，哪怕我们有那么一丝疑问，或者说可以主动去争取些什么的时候，我们在左思右想、进行各种思想斗争之后，最终是自己把自己给憋回去了。

社会刻板印象想先给女性设定了一道坎，然后我们自己再给自己背上枷锁。

其实在各种会议里，我提的问题大都和中国有关，有时候我会想，这个问题可能和现场其他听众没什么关系，所以我就倾向于在正式演讲结束之后单独去找演讲者提问。可后来我又反思，凭什么呢，我忍那些什么橄榄球、棒球、大联盟体育法之类的我听得半懂不懂的问题已经忍了很久了，那么我的声音也应该被听见，而且也值得被听见。或者说，其他听众多了解下跟中国有关的话题，没什么不好。

许多人可能会觉得，作为一个性别为"女"的人类，做一个沉默的、顺从的以及规规矩矩的聆听者会比较安全——老实呆着，别出格，要低调。所以我们习惯点头微笑，以示友好。如果具体回到国际生身份，我们从最初恐惧公开发言，到习惯了看着其他美国同学侃侃而谈，眼神中带着遥远的敬意，哪怕听不懂都不由自主地频频点头表示赞许。渐渐地，别人也只会把我们当成一个友善的聆听者，从来没有自己的观点，如同一尊会喘气的摆设。当然我还发现了一个有趣的事实就是:亚洲人的优点就是低调,但缺点是即使脑子里面真有东西也忍着不说;美国人的优点是冲闯,但缺点是不管真懂假懂都能口若悬河乱说一气。

今天晚上参加的不过是一个小型论坛,但我想,如果在学习、生活、工作中,不论性别,如果大家习惯了长期的沉默,自己都不为自己发声,还一直采取自己说服自己憋着不说话的策略,一旦到了关键时刻,还指望谁会为自己挺身而出呢?

2015年4月1日1:25AM

@LT

第 39 封信
生活要有激情！

现在同学见面必说第一句话是：还有六个星期就要毕业了！

真的，只有六个星期了。对很多人来说，念研究生可能真的是人生当中最后一段比较纯粹的校园时光。历时 22 个月的课程逐渐含蓄收尾，我的毕业论文也快要开始动工了——对，虽然我去年就开始琢磨毕业论文的选题，前几个月也已经摩拳擦掌准备好好发挥一番，但由于我过度才思泉涌，一直在各种自己认定很有意思选题之间跳跃穿梭，到了最后一刻迫于时间压力不得不把论文选题定下，并且和老师郑重"发誓"这次真的不改了。

两年的留学生活锻炼下来，我在别的方面可能有不少进步，但作业拖延症晚期一直没能治愈。每每想到交作业截止日（Due）——Due 这一声，犹如利箭穿心，那是留学生们赶作业的痛。此外，能够与作业拖延症相匹敌的是，我的起床困难症也一直没有任何好转。

虽然时不待我，但我至今坚信自己能在最后几个星期内高质量地完成毕业论文。不仅仅是因为之前的学习思考已经有所沉淀和规划，更重要的是，每当到了要拿出成果的关键时刻，我都能迅速开启学霸模式——这完全得益于我们中国的教育体制，寒窗12年，疯狂赶作业，因此打下了坚实的功底。就像前几天我们做小组的 Presentation，由于准备过程过于仓促，到最后要上台了，一组人慌乱不堪生怕出什么大差错。我开始也比较紧张，担心自己乱了阵脚砸场子，但没料到自己竟然能在很短的时间内记住了大部分内容，组员们也很惊讶，一再和我确认是否有把握，我毫不心虚地说：妥妥的！这种瞬间快速记忆、把句子清晰地刻脑子里，然后跟放电影一样又播出来的效果，大概也是勤奋的中国学生长期考前突击练就的独有技能。

临近毕业季，也略有伤感，但反而没么在意自己还能在美国合法待多长时间了——又是转换实习生身份，又是下赌注一般拼工作签证，和这些法律政策上的硬性条件最无力纠缠。现阶段我除了起床比较困难之外，每天都还挺有奔头。Make everyday a master-piece，努力把每一天都过到极致，也许更适用与我们这样暂不知道未来何去何从的人。

我知道，学习不仅仅是在学校做的事，即使今后毕业了，不断学习的脚步也不能停止。现在我和同学常常辗转于旧金山湾区的各个角落开会、听讲座，每次出行也都像短途旅行一样，看看不一样的风景，再听听别人讲的道理。

实习单位的同事也跟我说，现在做任何工作，看的应该不是职位的高低甚至是钱的多少，更重要的是你自己是否乐在其中、能不能学到新的东西。前几天老板问我会不会做XXX，我从座位上弹起来，笔直站立，铿锵有力地说：我现在不知道，但是我能学。说完，我把老板和自己都感动了。

毫不夸张的说，得益于硅谷的飞速扩张，世界上最优秀的一拨人全都集中在旧金山湾区一带，也许昨天还看着他的书，可能明天就有机会去某个会场听他侃侃而谈，我们这算是充分利用了天时地利人和的"就近优势"。未来几个月，继续奔忙，继续赶场。不断地学习是一种习惯，虽然不像在学校里进行一个整体系统性的学习，但我们不断捕捉着各种零散的知识点，也像是拥抱了一片星空。

2015年4月17日12:50AM
@LT

第40封信
"你是什么人?"

昨天晚上下课了和几个同学去吃夜宵,点餐的时候我手快拍下了一张特别的照片。照片里说的故事是:一个墨西哥同学给一个德国同学和一个挪威同学介绍各种口味的 Taco(一种墨西哥风味的小卷),然后一个中国同学拍下了这一幕。

我想到了去年年底我们跆拳道队集体出去吃饭,饭吃到一半,大家猛然发现六个队员来自六个不同的国家:韩国、中国、俄罗斯、乌克兰、匈牙利和美国,而那位美国同学的父母是意大利人。记得猴子同学以前提起过,他们有一次在纽约开会,参会的10个人里面来自8个不同的国家。美国作为一个移民国家,世界各个角落的人来到这里,看起来都有点像中国人在各个省份之间的迁徙聚集一样。某种层面而言,人口混杂的程度说明了城市的开放程度,我估计全世界现在只有纽约和旧金山能达到这种水平。

其实我一直只当这位墨西哥同学是美国人,因为她是美国国籍。但她总是用"族裔"(Race)来区分自己,谈论什么都绕着"墨西哥",大概因为那才是她的"根"吧。(关于 Race 和 Ethnicity 的区别至今还困扰着我)

前段时间我们一堆中文小老师"嘲笑"美国的初级中文课本上竟然有教这么一句话："你是什么人？"所谓的标准答案是：我是中国人，我是美国人，我是法国人……我们觉得正常的中国人好像不会这么问问题。可话又说回来，如果有人问我"你是什么人？"我会怎么回答呢？哪怕换成一个更具体简单的问题："你从哪里来"，都能牵连出一个冗长的答案：出生在哪里，在哪里长大，又在哪个城市住了多少年，现在生活在哪里，被哪座城市改变得最多？——所有的答案又会引出一股"遥远的乡愁"——我们是否具体属于某一个地方？

我们现在常常喜欢自称为世界公民（global citizens），听起来特别洋气。事实上，正是所有在不停迁徙中完成的经历塑造了今天的我们，那么具体的"出身"是否还很重要？现在我们在美国填各种表的时候，"种族"（Race）那一项也直接概括为"亚洲人"，甚至不再是"中国""汉族"那么具体，也已经不再像"籍贯"那么坐标精准——我是云南人，拿过北京暂住证，持有中国护照，现在是一个拿着旧金山身份证的"外国人"。

说到另一种身份，就是许多在美国的外籍人士都忙着解决的合法留美"身份"问题：通过找工作、继续念书、结婚、投资移民等各种途径，换一个合法留在美国的法律文件，得绿卡，或者直接入籍换护照。对于留学生而言，由于获得美国 H1B 工作签证的竞争异常激烈，许多人又找到了一个全新的出路——特殊人才报名"参军"，就是加入美国部队：这要求符合资质的外国公民在美国军队服役特定年限，但一旦成功申请入伍后,美国政府三个月立即发放美国护照——是的,就是如此果断干脆、简单粗暴、立竿见影。对于"参军"这个问题,我脑海中纠结的并不是要不要留美、要不要参军,而是过于前瞻性地假设自己一旦参军,如果有朝一日中美开战(虽然目测近期开战可能性为零),难道我会帮着美国去打中国吗?或者说的更现实一些,我会帮美国去打伊拉克吗?这种遥不可及的问题在良知深处无法回避。当然,听到一个最理想主义的答案是:我只为正义而战。

前段时间学校组织的非洲文化之夜,我平生第一次近距离接触非洲舞蹈非洲食物,还在现场跟着来自非洲的舞者载歌载舞(其实就是胡乱扭来扭去)。虽然我只领略了皮毛,但非洲文化有如此惊艳的一面,我没想到自己在美国也能领略到这样比较纯正的非洲文化。这些原籍出自非洲的"美国公民"在表演结束后还提醒在座的观众:我们不论去到了哪里,都不能忘记自己的根!我反思自己,生在中国,会说中文,长着黄种人的脸,小时候背过唐诗宋词,我们是否就能凭借这几个标准轻而易举定义自己的中国人身份(Identification)呢?

我认识一位19岁的小男孩,他属于欧洲移民,从小在美国长大,高中时还到北京上过一年学,会讲一口标准的京片子。小伙子曾经意味深长地对我说,美国是一个移民大国,我们一般所说的"美国人"可能都有完全不同的社会、文化、种族背景,很难有一个精准的定义和身份认同,所以他很羡慕中国人有"中华民族"这样统一的民族认同和归属感。 我很惊讶,因为我从来没有想过这个问题,这属于美国人特有的纠结吗?——大家有着同样的国籍,却是一群生活在一起"异乡人",因为多元的文化而精彩,但少了某种深刻的、有传承的情怀,想寻根,却找不到?

你想过吗,你是什么人?

2015年4月30日
@Sacramento St

第41封信
不安分，不太平

挪威同学租住的房子里闹老鼠，已经和房东快闹上法庭了。听她介绍，就在几天前，她和另外两个法国姑娘合租的房子来了这个不速之客，虽然已经大量投放老鼠药，可没料想坚强的老鼠像是吃了兴奋剂，更加猖狂。她们请房东帮忙解决，可美国老太太房东说：就是你们把老鼠从挪威和法国带来的！然后，就吵开了。

据同学描述，她们吵架吵得已经达到了脸贴脸怒吼的程度，在美国大概很少见这种过于失礼的吵架方式。其实大家也都不爱吵架，最后各方先甩出500刀聘请律师进行辩论。看着挪威同学那憔悴的样子，我不知如何是好。没想到，一只小老鼠竟然快牵扯出了国际矛盾。几个姑娘就像是在外面闯荡的孩子，突然没有了家的庇护。可惜我只擅长中文吵架，要加入她们用英语吵真是有些力不从心。我只能安慰她说，如果需要帮助，吵架时我能给凑个人数撑撑气场。

毕业倒计时在眼前不停地晃着，我那"大场面"的论文包括参考文献在内写了一共4页。自己的学术研究还乱不清楚，却不知怎么的竟然被卷入了一场学院的"政治斗争"当中，一不留神还成了"学生帮派"的"领头羊"、"出头鸟"。

整个事情的前因后果也没什么多讲的必要，说多了也费神且费时。其实，在同学纷纷表示"如果你需要，我们跟你一起去谈判"之前，我并没有意识到我们同学之前的一点小事儿的波及面会那么大，更何况，我怎么会莫名其妙成了那个要去学院谈话的"代表"。

正式谈话前，我们一堆同学在私下嘀咕，觉得自己就像是默默无闻的小人物即将正面迎战一直企图压制我们的"权威势利"，有一种摩拳擦掌准备大显身手的兴奋——我说的好像很惊心动魄，其实也就是学生和学院的一点儿小矛盾，各自有各自的立场和利益罢了。

虽然我们学生帮派自信"不怕耗，坚决斗争"到底，可到了最后，哪怕学院声称愿意承担一些无足轻重的责任，最后还是以"我方"迅速妥协收尾。在我结束"谈判"的那一刻，脑海里竟然飘过了一句话——"政治是妥协的艺术"——不知道自己什么时候变得那么心机重重。

经历了这场不明不白开始又迅速果断收尾的斗争，我带着一种不知胜败的心回到家，虽然觉得自己没有输，却仍像是被无缘无故地欺负了一遍。

在网上不经意点开了一首叫《野子》的歌，第一次听，没听几句竟然泪流满面。我们算是带着勇气飘散在外面的"野子"吗？——"怎么大风越狠，我心越荡……毁不灭是我，尽头的展望……我赤脚，不害怕，你看我在勇敢地去挥手啊。"

2015年5月7日 @Gleeson

第 42 封信
又是毕业季，这次散场更突然

留学这 23 个月过得还挺快。

还记得两年前的开学典礼上，就在这个富丽堂皇的大教堂，一无所知的我被那些天主教的仪式惊在座椅上不知如何是好。其中有一个大家突然集体下跪的环节，不知缘由，我进行了激烈的思想斗争——我不是教徒，本不应该跪，但身边的人都跪下了，我一个人居高临下端坐着好像也不太合适，于是我迅速采取了半蹲在地上的姿势，不把自己显得太突兀，同时也保持了精神的独立性。一晃眼，23 个月过去了，毕业典礼又回到了同一个教堂举行，像是跑了一个圈，来到不一样的起点。

同学们结队走进教堂的感觉很奇妙，大家昂首挺胸，大摇大摆，名副其实红毯上的主角，自豪地迎接起伏的掌声以及大大小小各种镜头。那种宁静的骄傲和跳跃的兴奋就像是有天使在我们头顶撒星星，瞬间飘飘然，甚至让我忘了在那个庄严的时刻是哪位同学和我一起并排走进的教堂。

虽然同学们早在毕业典礼前几天就已经开始大规模地发布各种临别感言，班里的文艺青年 Zack 还写了一个小短篇："我们不再每周定时相聚在校园里，'误'不会再用她特殊的机智搅乱课堂，Frank 也不会再躲在教室后排窃窃私语，

Stephen也不会再在演讲时抛给大家一串棘手的问题……就是这样了，两年，我们顺利完成了学业，即将到来的离别却令人伤心……只愿在心里，我们一直亲密如初。"而我却一直没有缓过神来——哦，就这样，毕业了？

据说留学生最要耐得住孤独寂寞冷，近些天我还特意盘点了一下自己两年留学生活里最孤独的时候，算是一次小总结。大概有两次吧，一次是自己去参加跑步比赛，最后冲过终点线时与旁人击掌相庆，但没有熟悉的人在终点等待，这像是完成某项人生大事之后却无人分享，属于带着成功色彩的寂寞。第二次，是我在市里的公共图书馆看龙应台的《目送》，看她写到老一辈亲人离去、同辈亲人离散的无奈时，我忍不住悄悄流了一脸鼻涕眼泪，而包里却没有纸巾。而在我座位的斜对面，有一位无家可归衣着褴褛的黑人，大概是捧着一本笑话书看吧，就在我努力用手遮掩鼻涕眼泪的时候，他突然忍不住哈哈大笑，浑厚的声音刺穿沉静的图书馆以及我那不合时宜的怀念与伤感。哦，还有第三次，我在宿舍吃饭的时候听广播，播音员用极度兴奋的超高音调播报着英国凯特王妃生闺女的重大消息，全球瞩目，鞭炮齐鸣，普天同庆，奔走相告，我狠狠地咽了一口自己做的菠菜豆腐汤，不想洗碗，上课去。

一切都太快，来不及认真回味，些许伤感之后，大家早已经欢乐地各自奔前程。回国的，回家的，出去旅游的，我们真心祝愿彼此的未来，但没有仔细的依依道别，像是所有人热烈的击掌相庆之后突然寂静，反正将来还可以在各种社交媒体上相互追踪动态然后猛烈点赞。热心的同学计划着说过几天还是聚一聚吧，可大家一碰时间才惊觉，走的走，忙的忙，许多人的下次见面，或许可能是几年后、几十年后的异国他乡。

突然不习惯不用上课的日子，原本几个满满的时间点变得空荡荡。心里轻松了一些，却在另一个位置又重了一截。

2015年5月30日

11:50PM @LT

一篇没见光的毕业演讲稿

如果能在学校的毕业典礼上代表学生发言是莫大的荣幸。之前很少和别人提起,想当年,我也是入选了毕业典礼上发表演讲的候选人,只是挺到最后一刻,没选上。但当时写了几遍、改了几遍、练了几遍的演讲稿,确实是走了心的,是经历了两年留学生活之后,高度浓缩成六分钟的肺腑之言。现在分享出来,与大家共勉。

Dear President Fitzgerald, proud parents, faculty, distinguished guests and Class of 2015,

It is an incredible honor to speak in front of you today. I really appreciate this privilege.

I still remember the first day at our orientation. I was sitting there quietly with a polite smile. I was nervous to talk with my classmates, not to imagine speaking in public. I felt embarrassed to pronounce the new names I had never seen before. I was not confident with my English at that time because of my Chinese accent. I tried to make some sounds with hesitation and asked my classmate cautiously, "Was it right?" She told me, "There is no right or wrong. This is just different." This casual chat became my first lesson at USF: be open to the different. We don't have to be all the same, but we encourage, respect and appreciate the differences.

My hometown is a very small city in the southwestern China. In the summer of 2013, I transferred my plane four times with two 50-pound suitcases to San Francisco to start the new adventure. Challenging myself became the biggest part in this journey.

I completed two 10K races before I came to San Francisco. At that time I had never expected to run further. However, I was lucky to have our Dons' All American runner Jana as my coach and several classmates encouraged me to try a longer distance. It's still hard to believe that after some training I did three half marathons and a full marathon last year. I realize that our lives are like running. We train very hard every day. We repeat, repeat and repeat the same things. But what we can get from the routine training? For the moment when we cross the finish line, the feeling was magic. It seems like we are doing the same work day by day. Sometimes we feel bored and afraid of a routine life, but when we finally achieve something, it is just like we are here today to celebrate a new chapter in our lives. We know all the efforts will be paid off. When I think back about this experience, I started to believe that we can always go further than we expected because everyone has potential. What's more, even if we fail to finish the whole course, we will still celebrate each mile we finished.

In the past two years at USF, so many things have shaped me. I had opportunities to experience what I'd never imagined before. I talked with very successful entrepreneur alumni from Silicon Valley. I joined the Giants' championship parade to celebrate the victory with the whole city. I heard stories about our professor who survived from the breast cancer at her very young age. I met a new friend in our sports club whose home country is still fighting against terrible human trafficking. In this diverse community, I experienced having huge culture shock to jumping out from the small circle and comfort zone to hug the bigger world.

A few weeks ago, a friend asked me what I wanted to achieve after I get my Master's degree. I thought about this short question for about a minute. My answer was "To live a happy life". Actually I didn't find it clear what I can do in the future, but I believe the degree is not just a certificate of academic achievement or a springboard to a better professional career. It's a process to understanding the outside world and to communicating with our inner world. The growth makes me reconsider who I want to be and what I can deliver to society.

Changing the world is probably a big dream for us to achieve for a lifetime. However, it is much easier to be the change that we wish to see in the new world. We can start living a happy life and being better selves. Then help our family and friends to achieve what they want. Moreover, to help those people who don' t have the privileges like us to study in universities, for those who are still struggling for a freedom, for those who are not treated equally no matter what gender or race they are. When I look deep into the world, I realize that what we take granted today, like our free, creative and open environment is because of the past generations' fight and hard work. They changed the way people live and we are on the way to a new revolution.

Nelson Mandela said "Education is the most powerful weapon which you can use to change the world" . I hope we are all equipped to take the responsibility to make some differences to a better planet. Most importantly, thank you to my parents and family not only for working hard to pay my tuition and support my study, but to all the parents for believing in the power of education.

Today might be the last chance that all the 2015 class fellows get together, but wherever we go and whatever we do, I wish we will always be proud to be a part of the University of the Best City Ever. Also, no matter if we experience good times or hard times, I hope all of us will enjoy and appreciate every moment.

Thank you very much!

May 22, 2015

附赠一篇：我们的7天横穿大美帝历险记

我留学生涯中的最大壮举，大概就是作为随队工作人员（team crew）参加了 2015 年的"横穿美国自行车赛"（Race Across America，RAAM）。从美国西海岸的圣迭戈 San Diego 出发一路到东海岸的马里兰首府安纳波利斯 Annapolis。4800 公里路程，历时 6 天 21 小时 40 分钟，这个被誉为世界上最艰难的自行车赛事，终于被我们"熬"完了。

经历了这趟史无前例的自虐之旅，4 名接力骑手和我们 9 名随队工作人员都已经累崩，大家的精神和肉体也基本达到可承受的极限，但不知道是凭借什么神力我们竟然能"强颜欢笑"坚持到最后。同时我也发现，人的肉体意识应该比精神力量更强大，因为在极限运动当中，精神意志已经在蛊惑自己回家在沙发上躺着嚼薯片的时候，身体却不顾使唤义无反顾往前进。

一个星期里每天只睡两小时的日子瞬间让人苍老 10 岁，但比赛真的结束了却还有些意犹未尽。回想这段让人终生难忘的经历，脑海中留下的更多的是有趣的片段：队里原本不相识的人，第一天刚见面，大家都还比较矜持，到第二天就直接在房车上睡一张床了，尺度还是比较大；有时候坐在房车里，只要一个急刹车，铁锅、菜刀、罐头直接从头顶的柜子里砸下来,顿时惊觉其实活在房车里生存风险更大,还不如在公路上继续战斗。

整个比赛需要我们"永不停歇",除了偶尔需要进行战略调整大家停下来商量一下,我们必须保证整个队伍白天黑夜一直前进在路上。第一天大家求胜心切拼得太猛,速度太快反而骑错了路,所以更明白了什么叫"方向比速度更重要";第二天烈日当头,一位骑手突然出现热晕厥,刚吐完就失去了知觉,我这种半吊子郎中挺身而出,各种按压穴位采取中医疗法抢救;第三天骑手在暗夜里骑行,被两只野狗狂追,另外还有一只小狼从路边直接跳到跟随车的挡风玻璃上,把大家吓得恨不得当场抽搐。

深山老林中,月牙插在山尖,星空拥入怀里,偶尔会遇到树丛里探出头来看热闹的小鹿,一路上我大概遇到了八只,这是少有的温馨画面。与之形成鲜明对比的残暴场景是,我们的跟随车为了躲避一只突然窜出来的野兔还是野猫而突然停车,导致前方快速前进的骑手瞬间照明不足,差点儿直接摔到沟里。

我觉得,夜里的骑行,骑的不是自行车,是绝望。经历几个小时黑暗的历练,只听风从耳边过,不见四周有人影,唯一的安慰和精神寄托大概是每天早晨 4 点半左右的日出,天边的红色慢慢晕开,周围的绿色一点点浮现出来,那才是实实在在希望的曙光。

第四天夜里的经历,现在回想还心有余悸。我都分不清当时是在哪个州,茫茫旷野,伸手不见五指,在夜里行动,我们肉眼的可见区域一般仅局限于车灯所能普及的范围。我在进行交接准备把自行车绑到车架上时，依稀感觉到周围有一群动物朝我逼近，我吓得憋着气举着车确认真伪，不敢动弹。不知道是不是狼，但确实有脚步声，有节奏地靠近，而且是一群，我想着赶快弄好上车好逃离现场，结果越慌张越乱，最后只好蹑手蹑脚颤颤巍巍回车求助队友救我。这一出小插曲让我大概哆嗦了半个多小时，心里全是自己被群狼瓜分的场面。别人说也有可能只是我的幻觉，因为我们并没有亲眼看见狼群，但不管真假，我还是庆幸自己完整地活着，没被吞了。

"行百里者半九十"，我常把这句话重重复复念叨给队员们听，告诉他们这是中国的哲学，比赛刚开始我们不用拼太猛，但越接近尾声越得坚持住。第五天夜里，可以算是一个决定成败的关键节点：下雨，累，集体士气低迷，自行车还连续出了几次机械问题，但前方还有几个连续大上坡等着我们去攻克。那一夜几乎所有人都是靠吃咖啡因药片和不停地喝咖啡保持"醒着"的状态——我们已经不求速度，只是为了还能勉强睁着眼继续前进。

导火索是从一位司机的崩溃开始，他已经累得完全没法睁开眼睛，一位骑手也因为膝伤复发只能勉强前进。因为夜里骑行必须有跟随车紧紧跟随，一旦司机崩溃，整个队伍只能停步（这确实也是因为我们经验不够、准备不足，之前对形势估计过于乐观）。虽然我感觉自己在半睡眠状态中工作了许久，但我是那种一到关键时候就来精神的人，感觉天将降大任于我也，立即吃了两根香蕉喝了一杯运动饮料，瞬间清醒，穿着拖鞋跳上驾驶座就前进，司机在我后排立即睡晕。

（因为我们混乱不堪的 RV Monster"房车猛兽"早就把我的运动鞋吞噬了，在最后几天我都是脚踏人字拖进行高强度工作）。当时我想的或许已经不只是什么团队精神，而是冒着风险前进的时候，命交在自己手里比较靠谱。有一阵儿坐在后排的骑手紧张地把头凑到我跟前说，"Wu，小心一些，慢点儿也没关系，你已经XX了。"我问你说的XX那个词儿是什么意思？他说：就是我们的车已经开在对面的车道上了……

　　还有一次，我估计是因为累麻了，虽然眼睛是睁着的，但脑子已经不转了。队友跟我说话，我本能地用中文回答，队友大笑着问你到底说些什么，我还严肃认真地又用中文解释了一遍。

　　一路上我们穿过了 12 个州，50 多个城市，有的城市居民会自发组织到路边围观比赛为大家加油，让我们倍感温馨，但是到了中部一些"自以为是的保守白人区"，有的人直接在路边吼：我们不欢迎你们来这里！甚至有人开着大卡车追着喊：白天再去骑你们的破车，晚上不要出来！我们一是愤怒，二是紧张，生怕这边狂野的人民看我们不顺眼直接朝着毫无防备能力的骑手开枪了，我也紧张得开始到处问我们是否有备枪，大家说唯一的解决办法是加快速度赶快逃离这里。还有一段插曲，美国中部有许多城市是种族、保守、排外的极端主义者，我们队里的一位司机竟然因为是黑人而被拒绝使用加油站的公共卫生间，我们顿时觉得历史瞬间退回了四五十年。

一路连续的刺激下来，也有怡然自得的时刻——那就是大家在荒郊野外需要解决个人问题的时候，草原、荒漠、森林、农场都成了我们的天然卫生间。沐浴着阳光，在大牧场上一棵孤独的树后面，正对着一群牛，那才叫真正的"天人合一"和"人性大解放"，我们的 Race Across America 也成功变成了 Pee Across America "撒尿撒遍全美国大赛"。

比赛的最后一天不再像是度日如年，等我们到达终点，发奖牌，洒香槟，拍合照，听掌声，说感言，我都觉得虚幻，还是大家一路上一起吃喝一起拼那会儿，来得真切。我们的庆祝仪式刚刚结束，女子单人冠军也到达了终点。在场的所有人都在为她鼓掌，我们的一位队员意味深长地说，作为旁观者我们只能用掌声表达敬意，但没有人真正理解这几天来她经历了什么。

待比赛完毕休整洗衣服，跟随我横穿美国的被子枕头衣服全都散发着一股难以描述的"房车味"——汗味，霉味，菜味……我说我估计这辈子都忘不了这股奇特而魔幻的气味。队友说：请牢记，那可是自由的味道！

2015 年 7 月

第 43 封信
留学之书,写到此刻,就此落笔;
未来之路,可成可败,你我好运。

要怎么说再见呢?——旧金山,这个被我们奉为"世界上最好的城市"(Best city ever),更重要的是,还有这里靠谱的朋友和精彩的经历。现在我随意在路上走着,都要狠狠多看这个城市几眼,希望把更多美好的印象更清晰地刻在记忆里。以前在北京,会觉得自己就是不停地往外挥洒青春;在旧金山的两年,是这个城市给我注入了不一样的生命。

因为好朋友的牵线,让我有幸在洛杉矶获得了一个自认为很好的工作机会,所以我决定两个星期之内在那个新的城市找好蜗居之处,然后搬家。这不是一个艰难的决定,只是我从未设想过自己那么快就要搬离旧金山——这些年来走过许多城市,这绝对是第一个我想过要长期留下来的地方。

毕业后有了大把的自由时间,前些天我们结伴去海洋馆参观,看到了各种各样神奇的水母,虽然不知道他们的生命周期有多长,但我之前从没真正意识到原来辽阔的海洋世界中竟有这么多各自精彩而默默无名的小生命。我们还看到了深海里群游的小鱼,在我们头顶一个精心设置的圆形玻璃罩里,所有小鱼就像被设定了集体前进模式,全部按照一个方向随着大流游向所谓的"前方"——每一个生命都应该有TA的意义，但他们，一辈子就这样不停歇地绕着同一个圈吗？

昨天和同学去金门公园骑车，骑累了我们就坐在路边舔冰淇淋，糊得满脸都是巧克力，然后再看看水里的莲花，回忆一下过去两年的故事，再分析一下各自不知好歹的未来。时光每一秒都过得真实清晰，我自己也开心满足得快要飞起来。因为我知道，这样足以被评为幸福五颗星的好日子以后会越来越少，不是说进入职场之后人际环境不能和学校相比，而是我们在社会中的角色和责任已经随着毕业改变了。

大概是从自己上高中开始，突然发觉时间已经不等人了。留学两年的时间，就更快。还记得自己在新生见面会上的胆怯和扭扭捏捏，现如今毕业典礼都结束两周了。反问自己，留学这两年来最大的收获是什么？我谨慎地思考过后，严肃地整理出了一套自己的答案：

第一，结识了许多优秀的朋友和师长，我们中的许多人一定会成为毕生的伙伴，这是我的幸运。

第二，养成了不断学习的习惯。无论在什么年纪，我们都应该做一个对外界充满好奇的孩子，不会停止探索的脚步以及前进的可能。

第三，是我对"未知"与"变化"的态度。对于不可预知的将来以及超出自我控制的变化，虽不能说自己毫不畏惧，但我学会了用更开放和更勇敢的姿态去面对未知与变数。

第四，明白了世界上有许多分歧，并无是非对错之分，大多只是不同。因为人们的成长背景、思考角度以及利益出发点不一致，有很多不必要的争执不过是各自狭隘的结果罢了。所以，虽不求他人能理解自己，但至少自己学会变换角度去理解他人，做到尊重"异见"。

第五，讨好自己或许比什么都重要。几百年、甚至只是几十年之后，大概没有人会在乎我们今天做出了什么成就、生活是否体面、工作是否赢得他人认可等等。活得开心而且有意义，是我目前衡量自己做人做事的一个重要标准。

第六，看世界之大方知自己之小，虽然许多父母都认为自己的孩子出类拔萃、绝非等闲之辈，但作为我本身而言，既能接受自己的渺小与平凡，同时也拒绝平庸和苟活。

我在旧金山结识的一位忘年之交告诉我，"你生活在哪里并不重要，重要的是你想做什么、想成为什么样的人。年轻时少有家庭和情感的牵绊，总想一个人跑得更远，那就抓住这个机会去体验更多的东西；也许等再经历一些，你自然而然就会倾向于安定下来，去平淡生活，那时候自然会有更多的责任，但那也会是幸福的羁绊。"

换一个城市，换一种经历，细想起来确实让人隐隐激动。留学之书，写到此刻，就此落笔，祝你我好运。

2015 年 6 月 4 日 12:50AM

写于即将搬离的三藩豪宅

── 他国的你我 ──

友人曰 [yuē]

身在海外,意味着自由,更需要自控。明白这个道理,大概用了 10 个月的时间。

孤魂独寄,家乡是远方,最苦是肚肠。怕是每个远渡重洋的游子都要感叹的真理。

而立将至,抬头眺宏图,垂首行狗苟。好多话,只能讲给从老宅上空踱来的月亮听。

坐井观天,似眼界渐宽,实吐丝成茧。所以很多跑出来的人,会一遍遍地跑出来。

应了那句俗大街的鸡汤:回得去的叫家乡,回不去的才是故乡。

—— 驻扎新德里吃不到牛肉抓耳挠心的诺斯布

五年对任何一个应届毕业生来说,经历、感悟和成长都是必然的,只不过我这五年恰巧是在异国度过的罢了。第一站在"古都"费城与美国(野)历史文化政治的亲密接触丰富了我看世界的深度和广度;第二站在"宇宙中心"旧金山见证了世界各地奇葩们自由的狂欢也 reprogram 了自己生活的方方面面;第三站还是个未知,爸妈给起的名似乎暗示了我的旅途没有终点,但这也并不妨碍我珍惜和享受当下的生活。

—— 一直在寻路的荀璐 Monkey En Route

我一直认为美国的大学教育是极其多元的，每一位老师都秉承着"一切皆有可能"的教育理念。而每个学生都有权利探索、选择不一样的学习以及社交生活。而这些无限可能性的背后，有两种思维方法是极其重要的。第一，辩证思维。看任何事情都因该先保持一个怀疑的态度去辩证的思考，而不是全盘接受或否定别人的想法。第二，独立思考。决不能随波逐流，人云亦云，用辩证的方法去研究从而独立得出结论才能够令你脱颖而出。无论是在我的学习生涯还是我的职业道路上，这两种思维方法都令我受益颇多。

—— 战斗在 VC 圈的达特茅斯学院校友齐蕾

不要怕去一个陌生的地方，不要怕交不到朋友，不要怕学习跟不上，因为不需要等到万事俱备才去做这件事，路都是一步步摸索出来的。我出国之初只有一个想法：我来到这里，我就是一张白纸，有一个全新的世界等我去开拓——不论做什么，你只需要一个干脆的决定，然后全力以赴去实现它。

—— 从专业网球运动员转型成会计师的上官

现在回想起来，我的留学生涯并没有让原本在同龄人里平淡无奇的我变得优秀起来，甚至毕业以后课堂上学到的东西并没有派上用场；但这段经历却实实在在改变了我，他让我学会用另一个角度观察世界和思考问题，并时时刻刻思考生活的另一种可能性，这大概就是我的最大收获吧。

—— 前硅谷记者、埃隆-马斯克传记译者 Kevin

出国留学对我最大的意义，是认识到"坚持做自己喜欢的事情"对我来说有多重要。可能到了30几岁，我还是会选择一份普通的安稳的工作，不再执着于那些闪光的点子、疯狂的创意；可能到那时候，每天的工作是否是我感兴趣的事也已经不那么重要了。但是，如果我没有去美国，没有见过那么多漂亮的、有趣的、超出想象的东西，我可能早早地就向理想、向热爱作出了妥协，浪费了20几岁这人生中最应该精彩的10年。用最近写的COPY来总结一下吧：Give it all, risk it all and win it all.

—— 用生命在Do Epic Shit 的 Serious Player Yoush

还记得我们的车行驶在去往 Hastings 必经的小路上，阳光透过道路两侧墨绿的树冠形成斑驳的光点落在车头机器盖上，跳跃着。我们三个谁都没有说话，家浩专心开车，我和老黄各自望着窗外的风景，贪婪地享受着英格兰空气的味道。

这是我在 2007 年的一段梦境，美好到连每一个细节都那么真实清晰。后来在一次秉烛小酌的时候说给老黄和家浩，他们竟接着这个梦境回述了很多对当年留学生活的眷恋。

回望已经走过的 35 年的人生，出国留学是我做过的最好的决定之一。在 20 出头的年纪，独立自由的生活在别处，读书旅行交朋友，听着别人的故事计划着自己的明天。一切漫无目的，一切逐渐清晰。

—— 淡紫色 Lin，利兹大学校友，现居北京，IT 行业供有两狗一猫以及刚满八个月的宝贝女儿一枚

曾经英语成绩平平，来到美国大学后要常用英文演讲辩论，曾经内向胆小毫无组织能力后来工作职责就是天天和人打交道组织活动上台讲话，曾经在旧金山市长新闻办公室实习为了听懂电话里记者的留言，背下了旧金山所有跑政治线的记者加实习生名字天天刷政治新闻，曾经为了能看英文小说和教材没那么费力从头到尾一页页翻完一本800页牛津词典……不要慢慢适应环境，要主动利用环境，选择创造环境，不断做让自己害怕的事情，天道酬勤。

—— 小隐隐于大三藩的译者张心童

在我们的这个时代，出国留学已经成为一件无比平凡的事。但对于每个学生而言，异国的生活却又是那么不平凡。我们眼中所见，心中所念，都经历着悄无声息却又脱胎换骨的变革。他乡留学带来的不仅仅是眼界的广度，还有思维的深度。留学的经历让我们能够以多样的角度去认识这个时代，以及在这个时代里认真生活着的自己。

—— 在泰国放浪形骸的准博士婷姝 Juliet Emre

总是有人问我，留学是不是一个正确的选择？我说，选择没有对错。在你做出一种选择的时候，必定会得到一些东西，也会失去另一些东西。出国对我来说，更多的是一种视野的开拓和对自我的挑战。无论好的坏的，都是属于我的，独一无二的经历。至于这条路最终会带我去到什么目的地，我不知道，也不想预测，"不确定"是人生最有趣的地方。

在留学的两年时间里,让我学习到最多的地方不是课堂上,而是生活中。我学会了在异国他乡独立生活,学会了开车,学会了去洗衣房洗衣服,学会了美国菜里的各种菜名……留学不是适合所有人的经历,但留学会给你尝试新鲜事物和探索新世界的机会,更重要的是,它会让你发现另一个的自己。

前不久我结束了一段为期14天的横跨美国公路旅行,一路上遇到了许多风景,有时候会不舍刚刚离开的一座城市,有时候又会期待即将到达的下一站。在短暂的留恋和憧憬后,我不会忘记,最该做的是享受眼前的风景。无论你选择走哪条路,都会有不一样的风景。所以,无论你如何选择,我相信你都会拥有属于你的美好人生。

—— "十万个为什么姐" Sissi

和五元丰富多彩的留学生活相比,我的新加坡外派生活相对单调,疲于应对繁杂的工作,这段时光更多是告诉我要坚持、要学会坚持。也许是过客心态作祟,从一开始,我就以"倒计时"的状态工作、生活,更多是眼前的苟且,自己感受到"诗"和"远方"相对模糊,思维模式也多囿于应激反应式的,即分析出现了什么样的情况,为什么会出现这样的情况,及我一个人应该如何应对、解决?当处理完事情疲惫怠惰的时候,看到五元第N封信里闪烁着的那种"闯劲儿"常常让我振奋,也提醒我要有锐气、要敢于尝试和体验。

—— **在坡县继续埋头码字的新闻民工包记**

隔着半个地球的对望：Molly 给五元的回信

Hi 五元，

　　仔细想想，我与你相识已八载有余。张爱玲曾说："对于三十岁以后的人，十年八年不过是指缝间的事"。是啊！虽未到而立之年，也忽感这时光太匆匆。说来奇怪，与你大学同窗四年的记忆并不是那么深刻了，可与你最近一次见面的印象尤为清晰。

　　四五年前吧，你，格蕾丝小姐，我，三个妙龄小女子在一家泰国小馆儿里闲聊各种生活中的喜怒哀乐，也憧憬着各自的远大前程。茶余饭后，便闲走于高楼林立的国贸大望路。临别之际，三个奇女子像是游客一般，莫名其妙的以某一幢高楼或是地铁口为背景合照一张。自此一别，四载未再见。感叹那时，我们还在花样之年。回望这四载春秋，你游走并"战斗"于美帝；格蕾丝小姐晃了一圈日不落帝国后，回家上岗少奶奶；而我，坚守在工作前线两年后，辞职奔赴澳洲。

　　我们各自的生活轨迹就这样渐行渐远，但是，你的信就像是磁场，时不时的又将我们拽在一起。你的每一篇文章我都有认真拜读，因为我知道，那文字是游子在外思想和感情的沉淀。虽天各一方，却感同身受。

　　五元你的文笔自不必说。无论好事儿坏事儿，在你俏皮犀利的笔锋下，总能被描述成打趣儿人生和人性的章节。在这封信中，我想严肃地说你的文字有力量，一种能驱使人思考和反思的力量；一种当人失落、倍感心力交瘁时，鼓励你勇敢前行的力量。曾经听到一个教授谈到，我们一生需要的两种人："sponsor"和"mentor"。"sponsor"是那个慧眼识珠，能引领你到一个专业领域的人。在我的理解，这应该就是我们所说的伯乐。另一种是"mentor"，是一个能在精神层面启迪你、给予你力量的人。在我看来，"mentor"亦可以是宗教信仰的传播者，亦可以是心灵导师或是精神抚慰者。无疑，你是我的 mentor 之一，盛满感恩，绝无崇拜谄媚之嫌。

决定写信给你，思前想后，迟迟未能落笔。一是，想说很多，却也不知从何说起。二则，本人文笔实在不能达雅，达意即可。

澳洲的生活（precisely, life in Brisbane），用他们自己的话说"lay-back"。自然环境自不必说，相机随便取个景，不用 PS 都能做明信片；人口不多，却满人情与和谐。如若说 Brisbane 与北京五环内大小适中，CBD 的 size 也不过区区一个中关村。我一直说，这里太适合生活和做学问，商业这两个字在这里显得是那样的格格不入。我一度曾怀疑（绝无骄矜、做作之嫌），如果现在让我回到帝都，回到那个朝九晚五、人流密集的生活节奏中，我是否还能保持现在淡然的平静心？直到有一天，我听到身边朋友的一个故事，给了我无限启发。

一个朋友的朋友，24 岁的南美小伙儿。现在处于不做学问，不开启事业的模式。但是，他每天都在坚持做一件事情：有意念的培养自己的正念。他在努力挖掘生活中的美好与每一个值得感恩的细节。换句话说，他的生活状态与礼佛之人天天诵经祈福没什么差别。在很多人看来，他在这样的年纪无所作为会被视作游手好闲、玩物丧志、消耗青春。但是，我想说：我们真的有这么急吗？真的急着去做所谓的工作、开创所谓的事业？真的急着去恋爱、结婚、生子？真的急着去给自己设定买车买房的计划吗？我不想妄加评论他人此时此刻的人生选择，但是对于我，当务之急，是有意识的学习和练习如何建立一颗健康的心灵，以及寻找支持我以后人生的 pillar。因为我知道，工作会变、人生伴侣可能会变、甚至亲朋好友都会出其不意的变。在这瞬息万变的世界里，我们怎么才能找到自己合适的位置、接纳自己、宽慰自己、精进自己？

很遗憾，在十几年的教育体制中，没有一个科目是教人如何做人、教人如何思考做个什么样子的人。校园里学到的知识足够我们在职场上大展拳脚，但问题是，有多少人在工作中始终找不到快乐和享受的理由；每一段感情都让我们或多或少的学到些人情世故，但问题是，有多少人在下一段感情里还是重蹈覆辙、要么不满、要么疑惑；在没有完全解决好如何"活"这个问题上继续活，我猜想那只会让自己觉得人生"食之无味，弃之可惜"。所以，这比任何一件事情都紧迫。虽然至今我还没有完全研究清楚自己，但是我还努力当中。一场精彩的 TED talk，一段净空法师的讲座，一次与活的有价值的人的灵魂对话，包括一封来自你五元的信，我坚信在不久的将来，我能够建立一个能让我开心、安心、精进度过人生岁月的 pillar。只盼这过程不会太久。

如果真用三五年时间去思考一个至关"如何活一生"的重要问题，我觉得一点儿不算奢侈。三五年里，我可以用不断发生的大事儿、小事儿来实验它的可行性，不断调整纠偏。希望这会让我一生受益。

如果非要把这个过程浪漫化一下的话，同样还可以用出自张爱玲《半生缘》的话套用一下："对于年轻人而言，三年五年就可以是一生一世"。虽非她本意，但也道出我心中的事实。

默默 Molly @ Brisbane, Australia
21/10/2015 21:49 (Brisbane Time)

叱咤魔都的"异客"白总:直把他乡当故乡

亲爱的"若肠":

现在是北京时间的深夜 23:31 分,这个时候的我正穿着抓绒睡衣窝在书桌前给你码信,因为我知道,如果今天再不抽时间写,可能这封信就要"跨年"了,虽然按阳历而言其实已经是 2016……

我还是那个工作汪,你懂得。晚上忙公司的年末盘点专题到 8 点,然后匆匆赶往定西路陪一个远来上海出差的甲方朋友吃"小黑蚝情",虽然疲惫但是见到故友还是有一种"老友嗨"的状态,一起吃着扇贝、蒜蓉虾,聊着近期看的《老炮儿》、漫威、比稿一溜儿琐事,在这个寒湿的上海冬季里一切如此放松和温暖,让我都忘记自己在这儿也不过是个异客,直到打车回家路上看到母亲发来的微信,才拉回到现实。其实对于老家武汉,我觉得自己仍是一个异乡人。

微信中,母亲一直解释,急于安抚我的心情,因为晚上她提及看中一套房子,想能否把现有的房子卖了换那套更大的,然而近几年家道中落等种种情况让一切很难如愿,目前的经济情况还不允许我们可以那么"轻松"实现换房的可能。而对于我和她,都是属于不愿意背负债务或者拉下面子出去借钱周转的人,骨子里的一丝清高作祟吧。

房子，大概是我心中一个很大的结。回想下，从2010年孤身一人来上海到现在，5年时间我换了N次租房,也是感慨良多：

最早与4个人合租仙霞路的三室一厅，800元友情价，住在一个仅容纳一张单人床和一个小衣柜小房间里，没有空调，所幸高层有美好的穿堂风，周末脾气好的室友还会邀请我一起看他们的老式电视。

后来，由房间涨价以及合租人数太多等问题，开始了第一次搬家，和一个武汉的朋友一起开始找房子，这一次幸运的找到一家上海新装修的老公房。当时背负家人的医药费债务，一穷二白，还好贵人运不错，土豪室友帮我分担了几百房租。虽然老房子只有50多平方，窗外还总是有洗车的声响，但也算是有一个较为合适的窝。好日子总会觉得短，租房就是租房，即便有合同，房东如果想变动你也是没法的，合同还没到期房东以自己弟弟要结婚为由，要将房屋卖掉。对此虽然心中有一点点小OS，但也没太计较就答应，结果来看房子的"弟弟"明显口音和房东不一样，心中也只能呵呵几声。住不了，那就搬家呗！

再次找房子搬家的时候，一不小心遇到一个80多岁的大爷出租房子，而且房间刚好在当时租房的同一栋楼的5F。不知道是我面善还是如何，大爷很想把房子租给我们，为此还拉着我们爬5楼现场看房，当我们还在担心老人是否不便于爬楼，80岁的老爷子腿脚麻利地已经蹭蹭地上楼梯起来，反而我们这批孙子辈的年轻人爬到一半开始气喘，现在想想还甚是有趣。

一切似乎很顺利，原本想换更好小区的室友也妥协陪我继续合租，结果之后的一年里我们经历了若干次"维修事故"：冬季水管破裂漏水，换！马桶底部渗水，砸了换新！浴缸渗水，砸了换立式淋雨！空调出气管道爬进米老鼠，补管道外墙！空调老化，换！频繁的维修事故一顿让室友颇有怨言，也让我挺无奈，毕竟对方是为了体谅自己的经济情况才住进这间较为廉价的租房。当然，这个时候，我已经可以和对方平摊房租了。

人与人之间总少不了曲终人散，合租几年的我和室友最终还是选择各自找地，毕竟大家也都年纪不小了，不能耽误别人谈恋爱呀！虽然合租这么长时间，和室友的沟通也只言片语，我上班的时候对方没起床，我下班的时候对方已经入睡。所以对方也一直不知道这几年我一直有抑郁症状，状况不好时严重焦虑……

和人合租最大的好处是用更省的价格租到更大的空间，当然牺牲的是独立感和隐私性，这次搬家我决心选择一个人的"独立小天堂"。通过路边小中介，得到一个听起来性价比超高的租房信息：独立空间，含全新家电，地段靠近3条地铁线，周围生活物资便利，价格 2750RMB。看完房子，想都没想就下了定金租下来。这次的房东是个外地低调"土豪"，手上几十间这类商户房改良的"白领迷你公寓"。然而看房子和找男朋友一般，早期的"初恋"总归美好，越到后面看到的问题就越多，合同快到期后我选择了再次搬家。搬家当天，和小窝 say goodbye 时，很多记忆在脑海穿梭：

偷听窗户外情侣的吵架、在小床上躺着用小米盒子看最新大片、用电饭煲做武汉热干面……

这一次搬家，一切很轻松自然，仿佛可以开启一次新的生活。忘了告诉你，那时我的抑郁症好多了:)

每一次搬家都希望是最后一次搬家，但也知道，如果是租房就不会是最后一次。作为一个喜欢性价比的人，权衡再三，这一次搬家我选择还是继续合租。通过网络社交平台里的租房小组，我认识了新室友。两室一厅的房间，大概建筑面积有90㎡，客厅相比以往可谓是异常的大，大概是我第一次租房3-4倍，全美式乡村风格，我的房间不含阳台，相对室友的略小几平米，房租平摊。由于搬家的时间刚好是公司旺季，工作不断，忙起来可以一天开7个会改3个方案，为了抓紧时间搬家自己也打包整理许久。飘久的人都知道，租房越久，行李越多，这个时候我的行李已经是我刚到上海的7倍。

现在的我也不想轻易搬家了，每次搬家都感觉要死半条老命，也许年纪大了，越来越学会妥协现状吧！

之前看你的个人公众账号，提及在美国租房遇到的各种奇葩怪咖经历，很有共鸣感。但毕竟我在中国这块土地上，想回家看看家人、吃点家乡菜还是容易，所以有时吃饭时会想你在那边如何，那边是否可以遇到你熟悉的味道、遇到不顺时是否又会如我一般在被子里大哭一场，第二天又没肝没肺的加班奔命。但有一点我是对你放心的，至少你比我爱运动，这也是我们结识的原因，从某种意义上讲，很高兴当初我在 4A 时你是我的客户，也很庆幸，当时微博盛行时我们相互关注联系至今，也许人与人的缘分正是如此玄妙吧！

听了我巴拉巴拉说了这么多，不知道你是否感觉 boring，但相信从字里行间你可以感受到我状态是在不断变好的。现在的我很知足，也不再自怨自艾，坦然地接受自己的不足和优秀，努力珍惜现有的一切。

这一切，与你我共勉！

下次回国再见面，我带你去新发现的美食地儿"拔草"！而你，要做的就是在美帝国主义土地上如小草般肆意活好，照顾好自己，留好胃口。最后，Miss you！

小白

2016年1月8日0:50写于魔都

每个人都是别人的局外人

从来不怨命运之错，不怕旅途多坎坷，向着那梦中的地方去，错了我也不悔过。这是歌曲《人在旅途》的歌词。其实每一名出国的人，都曾经有那么一刻，感觉自己像一只蒲公英，在时代的洪流中漂泊，漂泊。虽然有一个大的方向，知道自己一路向前，但是终究不知道自己会在哪一个点落脚。当我们终于扎根下来，回头来看自己飘荡的路线的时候，会发现自己收获颇多，但是跟自己当初的初心相比较，会发现这一路走来，初心已经变得没那么重要了，因为这个过程就像是从中国自驾出发，去参观法国巴黎的艾佛尔铁塔，一路之上，我们意外的收获了瑞士的雪山，德国的浪漫古镇，威尼斯的彩虹房。虽然人人都知道艾佛尔铁塔的壮美，但是我们自己知道，希腊圣托里尼的慵懒才是我的菜。至于人人都赞叹的艾佛尔铁塔，我们自己倒是不那么在意了。

人在十几岁的时候，会感叹日子的缓慢。人在二十几岁的时候，会感叹未来的迷茫。人在三十几岁的时候，会感叹时间过得飞快。人在四十几岁的时候，会感叹生活压力大。

而中国现在出国的主力军，不管是高中生还是，刚刚大学毕业的本科生，都恰好是属于 20 岁上下这个阶段。恰好就是处于人生的迷茫期，而且这不仅仅是中国学生的问题，这应该是这个地球上，20 岁上下的年轻人普遍的问题，如果你在此时，对于自己未来 20 年、30 年，感觉茫然无知的话，你应该很高兴的接受这一点，因为你跟大家一样，都是正常人。

那么未来会怎么样呢？其实很简单，就是你尽可能的设立自己高远的目标，并且竭尽全力的来实现它，因为这是年轻人独有的权力，此时，你不需要背负妻子和孩子的期望，此时，你不需要考虑怎样赡养老人。你只需要想一点，就是自己未来的蓝图，到底可以壮阔到什么程度。接下来，就一路狂奔好了。

什么？未来你的目标会实现么？有可能不会，当然也很有可能实现20多岁时设立的目标。但是是否实现，其实都不那么重要，因为你会发现自己的圣托里尼，你会找到自己中意的彩虹房。

此时，你已经跟自己的梦想和解了。

梦想美丽，更美的，是追逐梦想的过程。

当我们站在未来，看自己现在的时候，你就会觉得各种考试的艰难；各种家人，亲戚，朋友的不理解；面对未知一次又一次的绝望，这都是自己的事情，跟其他人无关，我们自己不用在意别人的目光，不管是鄙视，还是仰视，不管是羡慕，还是嫉妒，这一切的一切都只与自己有关，而与他人无关。

你设想过30岁，大学同学聚会，40岁大学同学聚会，50岁大学同学聚会的时候，人们有可能还在攀比谁的房子大，谁的职位高，但是其实那个时候，每个人都是别人的局外人，离开这个大门，有的人戴上面具，有的人摘下面具。此时，每个人心中都有自己的圣托里尼，自己的彩虹房，自己的雪山，而这些圣托里尼，彩虹房和雪山，是他人终究不会在意，但是自己又万分珍视的。

这一路,都只与自己有关,每个人都是别人的局外人。

最后问自己一句,你快乐么?

五元是快乐的吧,无老师想。

无老师

2015 年 10 月 24 日

我知道你也可以花时间做其他很多有趣的事情，
所以谢谢你花时间读我的故事。
路太远，我们一起走。

www.ingramcontent.com/pod-product-compliance
Lightning Source LLC
Chambersburg PA
CBHW022113040426
42450CB00006B/685